Danny Schlumpf, Mario Nottaris

Das Rentendebakel

Danny Schlumpf, Mario Nottaris

Das Rentendebakel

Wie Politik und Finanzindustrie unsere Vorsorge verspielen

Und warum kaum Zeit
für Reformen der
zweiten Säule bleibt

Rotpunktverlag

Der Rotpunktverlag wird vom Bundesamt für Kultur mit einem Strukturbeitrag für die Jahre 2021 bis 2024 unterstützt.

www.rotpunktverlag.ch

Umschlag und Grafiken: Erika Bardakci-Egli

Druck und Bindung: Friedrich Pustet, Regensburg

ISBN 978-3-85869-974-9

1. Auflage 2022

Dieser Titel ist auch als E-Book erhältlich.

Inhalt

Einleitung

Dieses Buch handelt vom Einbruch der Finanzindustrie in die Sozialwerke. Es geht um Kalkül und Gewinn, Verrat und Verlust, Kabale und Rache – und um einen der größten Skandale der Schweizer Pensionskassengeschichte.

Unterhalb des Radars der Öffentlichkeit spielt sich ein Drama um die Aargauer Vorsorgeeinrichtung PK Phoenix ab. Wenig ist in den letzten Jahren darüber an die Öffentlichkeit gedrungen. Und was den Weg nach draußen fand, stellte meist ein völlig verzerrtes Bild des Debakels dar. Eine zentrale Rolle spielt die Schwyzer Kantonalbank.

Doch das ist nur die Spitze des Eisbergs. Das Schweizer Vorsorgesystem ist zu einem Selbstbedienungsladen für die Finanzindustrie geworden. Das Nachsehen haben die Versicherten. Vom Staat kommt bis heute keine Hilfe. Er schützt nicht das Vorsorgevermögen, sondern die Gewinne der Geldhäuser. Das ist ein entscheidender Grund, warum es um unsere Renten immer schlechter steht.

Dabei ruht die Altersvorsorge in der Schweiz eigentlich auf einem soliden Fundament. Sie stützt sich bekanntlich auf drei Säulen: die staatliche, die berufliche und die private Vorsorge. Seit 1948 soll die obligatorische Alters- und

Zunahme Vorsorgevermögen

1985

Total PK-Gelder:
150 Mrd. Fr.

2021

Total PK-Gelder:
1200 Mrd. Fr.

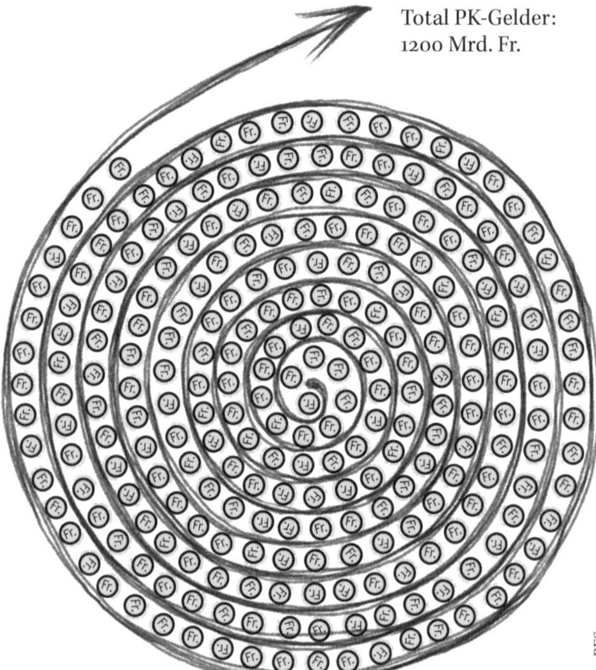

Quelle: BFS

Hinterlassenenversicherung (AHV) die Existenz nach dem Ende des Erwerbslebens sichern. 1985 wurde auch die zweite Säule obligatorisch. Das Pensionskassengeld soll die Weiterführung des gewohnten Lebensstandards ermöglichen. Und wer es sich leisten kann, investiert zusätzlich in die freiwillige dritte Säule, um die Vorsorge aktiv zu stärken.

Das Prinzip der drei Säulen zeichnet das Schweizer System aus. Es ist organisch gewachsen, verbindet Staat, Wirtschaft und Bürger. Es scheint im Kern durchdacht zu sein und ist demokratisch legitimiert. Doch das Modell hat auch gravierende Schwächen. Einige davon sind Geburtsfehler und wachsen mit den Säulen mit. Hinzu kommen Faktoren wie die demografische Entwicklung, die von außen auf das System drücken. Mit der Folge, dass die Säulen bröckeln.

Das ist schon lange bekannt. Doch Reformen der Schweizer Altersvorsorge sind schwierig. Sie scheitern immer wieder an den gegensätzlichen Interessen der politischen Kräfte im Land. Nun nimmt die Schweiz einen neuen Anlauf. 2022 ist das Jahr der Rentenreform. Im September hat das Stimmvolk die Reform AHV 21 angenommen, im Winter behandelt das Parlament die Reform BVG 21.

Doch diese Vorlagen reichen nicht. Sie verputzen die erste und die zweite Säule neu, doch sie reparieren nicht die Fundamente. Die Schweizerinnen und Schweizer müssen weiterhin um ihre Renten fürchten, denn die großen Probleme werden lediglich vertagt. Gelöst sind sie nicht.

Am ärgsten steht es um die zweite Säule. Das Kapital der beruflichen Vorsorge wirft seit Jahren immer weniger für die Versicherten ab. Und das, obwohl sich mittlerweile über 1200 Milliarden Franken Vermögen angehäuft haben. Diese enorme Summe müsste problemlos reichen, um den hiesigen Rentnerinnen und Rentnern ein sorgenfreies Dasein zu ermöglichen – möchte man denken. Doch weit gefehlt. Die zweite Säule lebt nämlich vor allem von der Rendite, die das angesparte Alterskapital der aktuell 4,4 Millionen Versicherten abwirft. Und genau die ist in den letzten Jahren kontinuierlich gesunken. Immer mehr Versicherte müssen sich mit dem gesetzlich vorgeschriebenen Minimalzins von 1 Prozent auf ihr Alterskapital begnügen. Entsprechend wenig schaut für sie nach der Pensionierung heraus. 2020 erhielten die Rentnerinnen und Rentner zusammen gerade einmal 24,5 Milliarden Franken aus dem Topf der beruflichen Vorsorge.

Umso irritierender, dass aus demselben Topf jedes Jahr praktisch unbemerkt 20 Milliarden abfließen, und zwar direkt in die Taschen der Finanzindustrie. Es sind Gebühren für Administration, Marketing, Vermittlung, Immobilienbewirtschaftung und weitere Dienstleistungen für die Pensionskassen im Umfang von 2 Milliarden Franken und Vermögensverwaltungskosten in der Höhe von 5 Milliarden. Hinzu kommen nicht veröffentlichte Transaktionskosten bei der Vermögensverwaltung im Umfang von schätzungsweise 12 Milliarden sowie eine Milliarde für Maklerprovisionen, Beratung und diverse Spesen. Diese enormen Beträge entwickeln sich seit Jahren nur noch in eine Richtung – nach oben. Für Versicherungen, Banken und andere Finanzdienstleister ist der Pensionskassenmarkt zu einem riesigen Geschäft auf Kosten der Versicherten geworden. Wie konnte das passieren?

Alles beginnt 1985. Die Schweizer Wirtschaft brummt, es gibt so gut wie keine Arbeitslosen. Das ist der richtige Zeitpunkt, um der beruflichen Vorsorge ein festes Fundament zu geben. Der Staat ruft das BVG-Obligatorium ins Leben: Das Bundesgesetz über die Berufliche Alters-, Hinterlassenen- und Invalidenvorsorge (BVG) verpflichtet die Angestellten in der Schweiz dazu, in die zweite Säule einzuzahlen. Ihre Pensionskasse können sie allerdings nicht selbst wählen. Damit schafft der Staat ein geschlossenes System ohne Wahlfreiheit für die Konsumenten. Umso mehr Freiheiten gewährt der Staat auf der anderen Seite den Anbietern, die äußerst ineffizient überwacht werden. Sie können mit dem Geld der Versicherten hantieren wie in einem freien Markt. Die BVG-Verordnung von 1985 umfasst gerade einmal zwei Dutzend Seiten. Zwang für die Versicherten, Freiheit für die Anbieter – dieser Geburtsfehler ist ein zentraler Grund dafür, dass die Vorsorgeversicherten bis heute der Finanzindustrie machtlos ausgeliefert sind.

Der Zürcher Unternehmer Serge Aerne, auf den wir noch mehrfach kommen werden, ist Teil dieser Industrie. Sein Berufsweg bildet die kommenden Entwicklungen im Vorsorgemarkt ab. Nach einer kaufmännischen Lehre Ende der neunziger Jahre arbeitet er bei einem Treuhänder. Dann geht er für zwei Jahre zur UBS. 2004 gründet er eine eigene Devisenhandelsfirma. Als Händler verdient er gutes Geld – bis 2008. Er verspekuliert sich und geht in der Finanzkrise unter. Auch große Geldhäuser stehen vor dem Kollaps. Die Notenbanken reagieren und senken massiv die Zinsen. Mit der Folge, dass den Bankern die

Margen schrumpfen und sie sich nach neuen Tätigkeitsfeldern umsehen. Fündig werden sie im Pensionskassenmarkt.

Serge Aerne wird Direktor der Schwyzer Tellco AG. Dieses Vorsorgeunternehmen ist im Besitz des Finanzmanns Hans Düring und des Politikers Reto Wehrli, der von 2003 bis 2011 für die Schwyzer CVP im Nationalrat sitzt. Düring und Wehrli bauen in den Nullerjahren ein neues Konstrukt auf, das Schule im Pensionskassenmarkt macht: die Vorsorge-Holding. In deren Zentrum steht eine Sammelstiftung, die den Anschluss einer theoretisch unbegrenzten Zahl von Betrieben ermöglicht. An die Stiftung gliedern Düring und Wehrli weitere Gefäße an: eine PK-Verwalterin, eine Anlagestiftung, eine Marketingabteilung, Immobiliengesellschaften, Treuhandfirmen. All diese Gefäße vereinen sie schließlich unter einer Dachgesellschaft, der Tellco-Holding, die mit Gebühren für ihre Dienstleistungen hohe Gewinne macht.

Die Tellco AG wird zu einer Größe im Schweizer Vorsorgemarkt. Sie wird zum Vorbild für Banken, Versicherungen und andere Finanzdienstleister, die nach der Finanzkrise mit Wucht in das Pensionskassengeschäft drängen. Die Finanzgesellschaften übernehmen die Kontrolle und degradieren die Stiftungsräte der Pensionskassen zu Marionetten. Die tragen zwar offiziell immer noch die Verantwortung und haften persönlich für das Versichertenvermögen, doch sie haben nichts mehr zu sagen. Jetzt regieren die Finanzexperten, die den Interessen der Aktionäre von Holdings, Versicherungskonzernen und Banken verpflichtet sind.

2012 macht sich Serge Aerne selbständig und gründet im aargauischen Kleindöttingen die Pensionskasse Phoenix, die er ebenfalls von einer Vorsorge-Holding betreuen lässt – der Nova Vorsorge AG. Die Schwyzer Kantonalbank (SZKB) steigt unter der Federführung von Bankpräsident Kuno Kennel ein und übernimmt eine beherrschende Stellung in der Nova-Holding. Kennel will auch mitmischen im großen Spiel, in das sich andere Kantonalbanken bereits erfolgreich eingeschaltet haben. Doch bei der PK Phoenix tauchen plötzlich Probleme auf. 2017 wird in der Kasse ein Loch von 12 Millionen Franken entdeckt. 2022 steht die Phoenix vor dem Aus.

Die Schwyzer Kantonalbank spielt eine entscheidende Rolle in diesem Drama. Sie deckt Serge Aerne mit Anzeigen ein und aktiviert eine wirkmächtige PR-Maschinerie, die den Phoenix-Gründer als Schuldigen für das Millionenloch darstellt. Auch die Aargauer Pensionskassenaufsicht schlägt sich früh und vorbehaltlos auf die Seite der Kantonalbank und lanciert auf Kosten der Versicherten einen Angriff nach dem anderen auf die PK Phoenix. Schließlich muss das Bundesgericht die Aufsicht zurückpfeifen. Ihr Geschäftsführer wird in den Ausstand beordert.

In der Öffentlichkeit dominiert bis heute die Erzählung vom betrügerischen Geschäftsmann Serge Aerne, der mit krummen Immobiliengeschäften das Loch in der Phoenix-Kasse verschuldet habe. Doch diese Version ist nicht korrekt. Die ganze Geschichte der Pensionskasse muss neu erzählt werden. Sie wirft nämlich Fragen auf, die weit über den Phoenix-Skandal hinausreichen.

Die großen Banken und Versicherungen agieren im

eigenen Interesse deutlich gekonnter als die Schwyzer Kantonalbank. Sie beherrschen den Markt der beruflichen Vorsorge, ohne öffentliches Aufsehen zu erregen. Sie erklären, sie hätten durch ihre Anlagestrategien wesentlich Anteil am wachsenden Vorsorgevermögen in der Schweiz. Dafür stünden ihnen auch hohe Gebühren zu. In der Tat verwalten die Finanzleute das Versichertenvermögen mit großem Aufwand durch sogenanntes aktives Management. Sie beobachten die Märkte, analysieren, recherchieren und kreieren ständig neue Anlagelösungen.

Die Versicherten wiederum gehen selbstverständlich davon aus, die bestmögliche Rendite auf ihr Alterskapital zu bekommen. Die ist zwar nicht immer rosig, gerade nach der Finanzkrise und dem anschließenden Sturz der Zinsen. Aber es ist nach allgemeiner Überzeugung auf jeden Fall die bestmögliche.

Das aktive Anlagemanagement ist aber nur eine Möglichkeit, das Vorsorgevermögen zu vermehren. Geld lässt sich auch passiv investieren. In diesem Fall wird es so angelegt, dass es einem Börsenindex wie zum Beispiel dem Swiss Performance Index (SPI) folgt, der die großen Titel der Schweizer Börse wie Nestlé oder Roche abbildet. Diese Form des Anlegens funktioniert im Wesentlichen automatisch. Der Aufwand ist erheblich geringer, wodurch auch viel weniger Gebühren anfallen. Das heißt aber auch, dass diese Methode den Finanzvertretern weit weniger abwirft. Viele Vermögensverwalter behaupten dementsprechend, aktives Management bringe für die Kunden eine bessere Rendite als passives Anlegen ein. Doch bis heute hat niemand überprüft, ob die Vermögensverwalter mit ihrem teuren Anlagestil tatsächlich die beste Rendite aus dem Schweizer Vorsorgevermögen herausholen. Unser Buch schließt diese Lücke.

Im Jahr 1985 hat die Schweiz das BVG-Obligatorium eingeführt. Seit damals ist das gesamte Vorsorgevermögen auf 1200 Milliarden Franken gewachsen. Doch wie groß könnte es heute sein, wenn die Finanzindustrie das Alterskapital der Versicherten passiv angelegt hätte? Das Ergebnis ist frappierend. Wenn ihr Geld seit 1985 konsequent passiv angelegt worden wäre, hätten die Vorsorgeversicherten heute 200 Milliarden mehr auf dem Konto. Das ist ein Sechstel mehr als die 1200 Milliarden, die es heute tatsächlich sind. Und mit einer etwas riskanteren passiven Anlagestrategie wären sogar 400 Milliarden mehr möglich gewesen. Das ist ein Drittel mehr. Es handelt sich um ungeheure Summen.

Den Umwandlungssatz senken, das Rentenalter der Frauen angleichen, die Lohnbeiträge erhöhen, die Beitragspflicht schon ab zwanzig einführen, den Gürtel enger schnallen, Abstriche machen, Verluste in Kauf nehmen – all diese Diskussionen gäbe es jetzt nicht, wenn die Finanzindustrie das Geld der Vorsorgeversicherten so konsequent wie möglich passiv in Aktien angelegt hätte. Es gäbe keine wütenden Versicherten und keinen Rentenstreit im Bundeshaus, weil das angesparte Alterskapital in der Schweiz zu wenig hergibt für die wachsende Rentnerzahl. Es gäbe mehr als genug für alle.

Stattdessen werden die Vorsorgeversicherten bis heute im Glauben gelassen, dass die Finanzunternehmen das Beste für sie herausholen. Und welche Rolle spielt die Politik? Man hat den Eindruck, sie wolle es lieber nicht so genau wissen. Das betrifft nicht nur die Frage, ob die Pensionskassengelder wirklich zum Vorteil der Versicherten angelegt werden. Es gibt noch andere blinde Flecken.

1985 dominieren Betriebspensionskassen das Feld. Sie sind der Stolz jedes Unternehmens. Wenn die Kasse gut ist, hat auch die Firma einen guten Ruf. Doch diese Kassen werden weniger. Heute gibt es immer mehr Gemeinschafts- und Sammelstiftungen, in denen ein Dutzend bis zu mehreren Hundert Firmenkassen zusammenkommen. Drei von vier Versicherten haben ihr Alterskapital mittlerweile bei einer solchen Vorsorgeeinrichtung. Allerdings werden Gemeinschafts- und Sammelstiftungen vom Gesetz fast nicht erfasst. Diese milliardenschweren Gebilde werden praktisch nicht reguliert.

Das ist ein Einfallstor für die nach der Finanzkrise angeschlagene Finanzindustrie. Diese wehrt sich gegen alle Versuche, sie dazu zu zwingen, ihre riesigen Geldflüsse transparent zu machen. Das System ist so undurchsichtig, dass auch die Aufsichtsbehörden längst den Überblick verloren haben. Sie tun entweder nichts – wie im Fall der Schwyzer Tellco AG. Oder sie toben sich hemmungslos aus – wie im Phoenix-Skandal. Die Pensionskassen-Oberaufsicht des Bundes muss dem Treiben machtlos zusehen. Ihr Direktor Manfred Hüsler gibt unumwunden zu, er habe keine Möglichkeit, in das Geschehen einzugreifen. Ihm fehlen gesetzliche Grundlagen.

Für Gesetze ist das Parlament in Bern zuständig. Dort dominieren Vertreter von Banken, Versicherungen und Pensionskassen die Debatte. Viele von ihnen verdienen selbst mit in diesem Markt – als Stiftungsräte, Revisoren oder Verwaltungsräte großer Banken und Versicherungen. Sie haben offensichtlich kein Interesse daran, den Pensionskassenmarkt klar zu regulieren und eine effiziente Aufsicht einzuführen.

Für die Versicherten ist die Lage fatal, weil sie das BVG-System nicht umgehen können. Sie sind zur Einzahlung gezwungen und müssen sowohl den staatlich festgelegten Umwandlungssatz als auch die Höhe der Verzinsung des Alterskapitals durch ihre Pensionskasse akzeptieren. Und wenn sie überhöhte Gebühren oder andere Fehlleistungen ihrer Vorsorgeeinrichtung entdecken, haben sie keinerlei Klagerecht.

Solange sich im Bundeshaus nichts tut, fließen die Gebühren für die Finanzunternehmen weiter in Strömen aus dem Vorsorgevermögen ab. Es braucht eine öffentliche Debatte über die Rolle der Finanzindustrie im Pensionskassenmarkt, über die fehlgeleitete Regulierung, über die unsinnig strukturierte Aufsicht, die falschen Anlagestrategien, handlungsunfähige Stiftungsräte und ohnmächtige Versicherte.

Angesichts der tatsächlichen Zustände ist der Streit der Bundesparlamentarier über den Umwandlungssatz lächerlich. Die Abgeordneten haben die Aufgabe, das Volk zu vertreten. Dieses erwartet von ihnen, dass sie das verantwortungsbewusst und aufrichtig tun und sich nicht in absurden Prozenthubereien ergehen. Sie müssen sich den Realitäten in der Schweizer Vorsorge stellen. Dazu gehört auch ein nüchterner Blick auf die Demografie. Die Schweiz hat immer mehr Rentnerinnen und Rentner, die immer länger leben. Das Ungleichgewicht zwischen Jungen und Alten ist ein sich aufbauender Tsunami.

Die Zinsen steigen. Die Zeit drängt. Der Boom des Schweizer Immobilienmarkts, der seit der Jahrtausendwende die Häuserpreise durch die Decke gehen lässt, flaut ab. Es ist nur eine Frage der Zeit, bis es kracht. Dann wird das Vorsorgekapital im Zentrum des Sturms stehen. Denn noch nie waren Pensionskassengelder so stark in Immobilien investiert.

Das System ist komplex, unverständlich, verzweigt. Weil ganz unterschiedliche Akteure auf diversen Ebenen involviert sind. Weil es um Finanzwirtschaft und Recht und Politik geht. Weil es all diese Zahlen, Rechnungen und Erklärungen gibt, mit denen sich viele von uns gar nicht beschäftigen wollen, weil sie so schwer zu verstehen sind. Das fängt beim Pensionskassenausweis an und hört beim Studium komplexer Geschäftsberichte nicht auf. Doch vielleicht soll das auch so sein. Vielleicht ist das System auch so intransparent, damit sich die Versicherten nicht einmischen. Tatsächlich werden Informationen gefiltert, verwischt, versteckt. Das scheint kein Zufall zu sein, denn es geht um Hunderte von Milliarden, an denen sehr viele Leute sehr gut verdienen. Die Finanzindustrie versucht das System zu erhalten, indem sie es abschirmt. Und das geschieht mit freundlicher Unterstützung des Parlaments.

Der größte Schutzwall ist die Sprache. Wer sich mit Pensionskassen beschäftigt, wird von Fachbegriffen erschlagen: Umwandlungssatz, technischer Zinssatz oder Koordinationsabzug sind noch die harmloseren. Schlimmer wird es, wenn es um die wichtigen Fragen der Vermögensverwaltung geht. Da tauchen Dinge wie Hedge Funds, Private Equity oder nicht traditionelle Nominalwertanlagen auf. Es geht um Performance, Asset Allocation und TER-Kosten. Das ist Fachjargon, der abschrecken soll – wer die Sprache nicht versteht, soll auch nicht mitreden. Das haben schon die Priester im alten Ägypten und die Kirche im Mittelalter begriffen. Sie erklärten dem Volk, das weder lesen noch schreiben konnte, was es in Gottes Namen zu tun und zu lassen habe. Und das Volk hat ihnen geglaubt.

Doch das System, das sich hinter den Begriffen und Zahlen versteckt, ist eigentlich recht simpel. Pensionskassen- und Finanzjargon sind viel einfacher als Hieroglyphen oder Latein. Es reicht, ein paar Schlüsselwörter verständlich zu übersetzen, schon öffnen sich die Türen. Kein Mensch muss wissen, was nicht tradtitionelle Nominalwertanlagen sind, um es zu verstehen. Aber es ist gut zu wissen, was Vermögensverwaltungskosten sind und worin sich aktive und passive Anlagestrategien unterscheiden.

Diesem Buch liegen viele Gespräche, Interviews, auch harte Diskussionen mit Vertreterinnen und Vertretern von Pensionskassen, Pensionskassenexperten, Bankern, Vermögensverwaltern, Versicherern, Politikerinnen und Politikern und dem Brancheninsider Serge Aerne zugrunde.

Wir haben rund 2000 Akten gesammelt, inventarisiert und ausgewertet. Sämtliche Dokumente, Protokolle, Berichte, elektronischen Nachrichten und Statistiken, auf die wir im Text Bezug nehmen, sind in unserem Besitz. Wir haben sie eingehend gesichtet und sorgfältig geprüft.

Allen Personen und Unternehmen, die im Buch kritisch behandelt werden, wurde Gelegenheit zur Stellungnahme gegeben. Diejenigen, die darauf reagiert haben, kommen im Text zu Wort. Ihre Stellungnahmen sind außerdem in voller Länge auf der Website des Rotpunktverlags einsehbar: www.rpunkt.ch/stellungnahmen-rentendebakel.

Skandal: **Die Geschichte der Pensionskasse Phoenix**

Die Jahresrechnung 2017 der Pensionskasse Phoenix ist knallrot. Es fehlen 12 Millionen Franken. Was steckt dahinter? Wer ist schuld daran? Wo ist das Geld hin? Verantwortlich für die Vorsorgeeinrichtung mit Sitz im aargauischen Kleindöttingen sind ihre Stiftungsräte. Doch die können nichts tun. Die Aargauer Pensionskassenaufsicht hat sie abgesetzt. Außerdem laufen diverse zivil- und strafrechtliche Verfahren gegen die Phoenix-Verantwortlichen. Es ist ein Desaster. Die Pensionskasse steht vor dem Aus. Wie konnte es so weit kommen?

»Zückerli« und »Schmerzen«: **Die Schwyzer Kantonalbank steigt in den Vorsorgemarkt ein**

Anfang 2012 gründet der Unternehmer Serge Aerne die Pensionskasse Phoenix. Es ist eine Sammelstiftung, die sowohl Vollversicherung als auch Teilautonomie anbietet. Die Vollversicherung übernimmt alle Risiken, allerdings zu hohen Prämien. Die teilautonome Lösung ist günstiger, aber die Versicherten tragen das Anlagerisiko selbst. Eine solche hybride Pensionskasse, die beide Lösungen offeriert, gibt es in der Schweiz bisher nicht. Doch das Modell passt perfekt zum Zeitgeist. Die Vollversicherungen, die nach 2009 ihren letzten Höhepunkt erlebten, sind immer noch stark. Und die teilautonomen Sammelstiftungen kommen gerade auf.

Mit der Nova Vorsorge AG baut Aerne außerdem eine Pensionskassenverwalterin auf, die die Vorsorgegelder der PK Phoenix betreut. Das neuartige Konstrukt beginnt erfolgreich zu wirken. Aerne gewinnt den Versicherungskonzern AXA für eine Zusammenarbeit und rekrutiert neue Versicherte. Die Pensionskasse Phoenix wächst rasant und zählt Ende 2014 bereits 3300 Kunden. 2015 erreicht die Kasse in einem der bekanntesten Schweizer Pensionskassenvergleiche den zweiten Rang in der Kategorie Servicequalität – zwei Jahre nach der Gründung.

Wie jede Pensionskasse legt auch die Phoenix einen Teil ihres Geldes in Immobilien an. Einige davon stehen im sankt-gallischen Lütisburg. Die Kasse hat sie 2013 der Prof-ex GmbH abgekauft. Daran wäre nichts Besonderes, wenn die Prof-ex nicht Serge Aerne, seinem Bruder und seiner Mutter gehören würde. So aber verkauft Aerne der eigenen Pensionskasse Immobilien einer Firma, die seiner Familie gehört. Solche Transaktionen sind nicht widerrechtlich, aber heikel. Tatsächlich hat das Bundesgesetz über die berufliche Alters-, Hinterlassenen- und Invalidenvorsorge (BVG) sogar einen eigenen Begriff dafür: »Rechtsgeschäfte mit Nahestehenden«. Bedingung bei solchen Geschäften sind Transparenz und umfassende Dokumentation.

2012 ist nicht nur das Gründungsjahr der PK Phoenix, sondern markiert auch den Start für Kuno Kennels Präsidium bei der Schwyzer Kantonalbank. Der eidgenössisch diplomierte Experte für Finanzanalyse und Vermögensverwaltung stieg nach einer Karriere bei UBS und ABN Amro als CEO Schweiz der britischen Großbank Barclays Capital ins Investmentbanking ein. Doch nach der großen Finanzkrise ist das Ansehen dieses Geschäfts im Keller. Zu Recht, denn Investmentbanken wie die New Yorker Lehman Brothers haben den ganzen Schlamassel verursacht. Kennel springt ab und wechselt zur Schwyzer Kantonalbank. Im Juni 2012 wird der 43-jährige Finanzmann zu ihrem neuen Präsidenten gewählt.

Eine nachvollziehbare Wahl, denn Kennel hat Erfahrung in verschiedenen Geschäftsfeldern und ist auch politisch gut vernetzt. Er sitzt seit zwölf Jahren als Präsident der FDP Schwyz im Kantonsrat. Kennels Lieblingsbuch sei *Der Spieler* von Fjodor Dostojewski, wie er 2011 gegenüber der *Neuen Zürcher Zeitung* bekennt: »Das Werk passt gut zur Finanzbranche und legt dar, wie man es nicht machen sollte.« Am meisten Sorgen bereiteten dem neuen Bankpräsidenten die Regulierungen, wie er am Tag seiner Wahl mitteilt: »Der Sturm auf das Bankenwesen ist noch nicht überstanden.« Tatsächlich hat die Schweizer Finanzmarktaufsicht Finma nach der großen Finanzkrise von 2008, in der die Schweizer Steuerzahlerinnen und Steuerzahler Milliarden zur Rettung der Großbank UBS hinblättern mussten, die Schrauben angezogen. Ein Team von mehreren Hundert Finma-Mitarbeitern schaut den Geldhäusern seither genauer auf die Finger.

Anders ist die Lage im Pensionskassenmarkt. Dort wird seit 2010 zwar die neue Pensionskassen-Oberaufsicht des Bundes mit Sitz in Bern aufgebaut, doch sie ist im Vergleich zur Finma mit äußerst bescheidenen Mitteln ausgestattet; sie zählt nur 28 Vollzeitstellen. Im Vergleich zu den Banken tummeln sich die Schweizer Pensionskassen in einem regulatorischen Niemandsland. Die Gesetze hinken der Entwicklung um Jahre hinterher. Und weil auch noch Negativzinsen das Kreditgeschäft erschweren, wird der Vorsorgemarkt für die Finanzindustrie immer attraktiver.

Kuno Kennel will die Kantonalbank ins Pensionskassengeschäft bringen. Im Frühjahr 2013 nimmt er mit Serge Aerne Kontakt auf. Kennel will bei Aernes PK Phoenix einsteigen und das Präsidium des Anlageausschusses übernehmen – eine Schlüsselfunktion, denn der Ausschuss entscheidet, wo das Geld der Versicherten investiert wird. In Kennels Bank regen sich Widerstände gegen das Vorhaben. Im März 2013 schreibt Kennel an Aerne: »Geschätzter Serge. Wie vereinbart, habe ich mein Amt bei Euch [Präsident des Anlageausschusses] dem Bankrat zur Bewilligung vorgelegt. Leider hat der Bankrat Bedenken, dass diese Funktion zu möglichen reputationellen Problemen für die Schwyzer Kantonalbank führen könnte. Das Gremium hat das vorgeschlagene Engagement nicht bewilligt.«

Kennel und Aerne halten weiterhin Kontakt. Der Bankpräsident wird Berater der PK Phoenix – unter der Bedingung, dass man ihn »nirgends auf offiziellen Dokumenten« finden dürfe, wie Kennel an Aerne schreibt. Mitte Mai 2014 schickt Kennel eine kurze E-Mail an Aerne: »Kannst du jetzt nicht 1 Million für Aerius lockermachen? Die Aktie ist jetzt wieder auf sehr attraktivem Niveau!« Aerne leitet den Hinweis anschließend an den Anlageausschuss der PK Phoenix weiter, der schließlich eine Million Franken aus dem Versichertenvermögen in Wertpapiere der Aerius investiert.

Allerdings sitzt Kuno Kennel im Verwaltungsrat der Aerius. Er wird seine Tätigkeit gegenüber SRF später so beschreiben: »Der Bankpräsident gab der Pensionskasse Phoenix keine Anlagetipps. Er war nie als Anlageberater oder dergleichen tätig. Er hatte die Phoenix Vorsorge AG bei der Personalsuche und in einzelnen administrativen Belangen beraten.« Die Aerius-E-Mail wird Kennel fünf Jahre später das Bankpräsidium kosten. Ironischerweise nimmt der eigentliche Skandal erst nach dieser Geschichte seinen Lauf.

Im Sommer 2014 kann Kennel den Bankrat der Schwyzer Kantonalbank endlich davon überzeugen, bei Serge Aernes Nova Vorsorge AG einzusteigen. Die Kantonalbank beteiligt sich mit 20 Prozent an der Pensionskassenverwalterin. Jetzt hat Kuno Kennel endlich den Fuß in der Tür, der Vorsorgemarkt steht ihm offen.

Die PK Phoenix ist seit ihrer Gründung im Jahr 2012 stark gewachsen – wohl zu schnell, wie damals Involvierte einräumen. Serge Aerne sucht nach Verstärkung in der Administration und Verwaltung. Er wendet sich an Betriebsökonom Daniel Werdenberg, Hauptaktionär und CEO der Assurinvest. Die ostschweizerische Pensionskassenverwalterin betreut bereits mehrere Vorsorgeeinrichtungen, darunter die große Alsa PK. Das von der Assurinvest verwaltete Stiftungskapital beträgt mehrere Milliarden

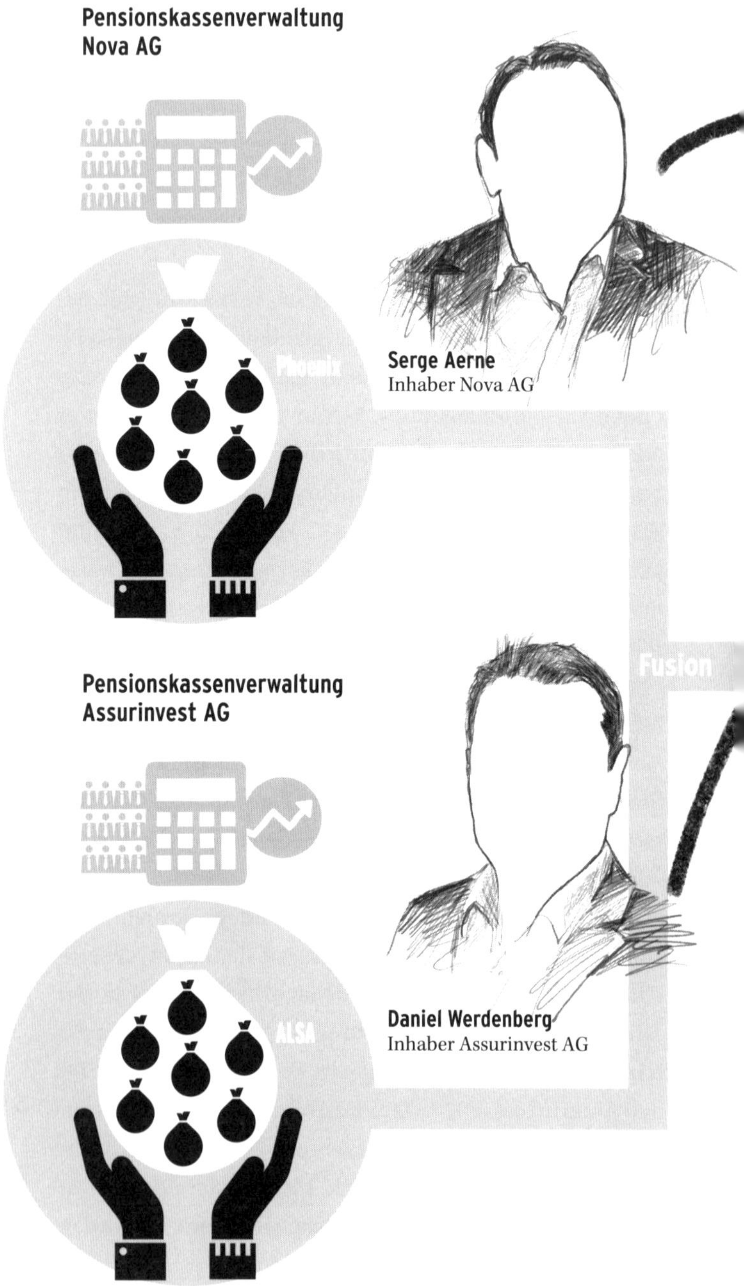
Pensionskassenverwaltung Nova AG
Phoenix
Serge Aerne
Inhaber Nova AG
Fusion
Pensionskassenverwaltung Assurinvest AG
ALSA
Daniel Werdenberg
Inhaber Assurinvest AG

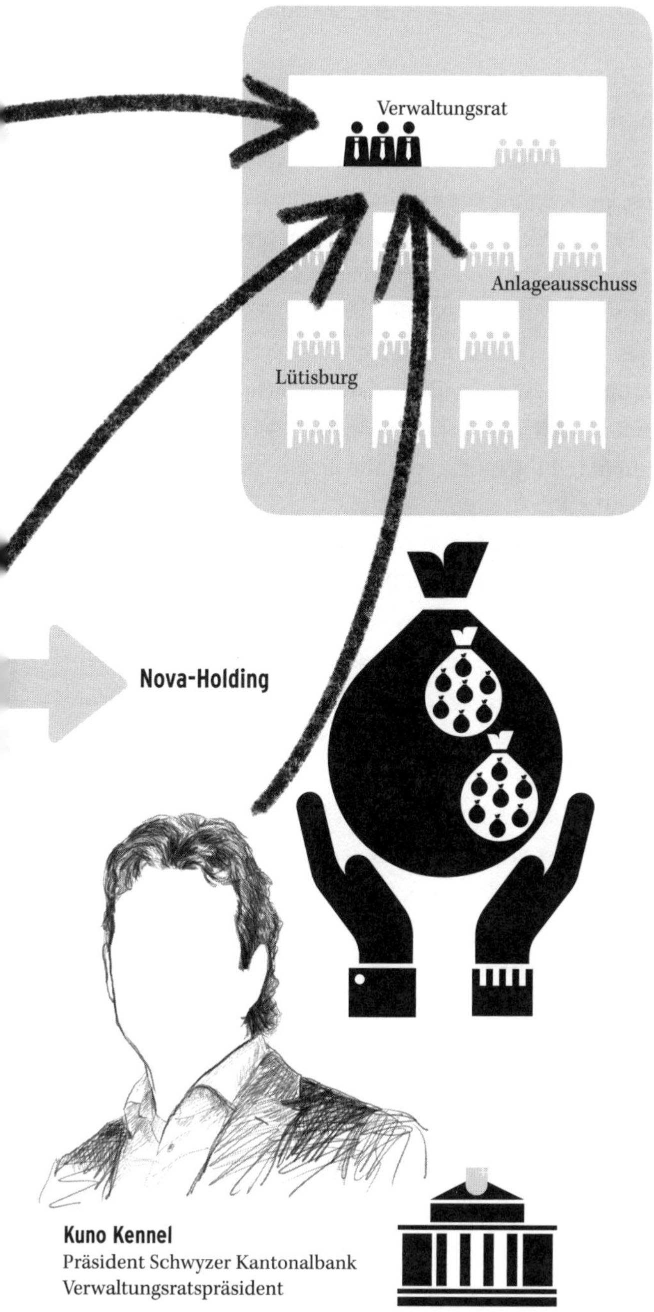

Kuno Kennel
Präsident Schwyzer Kantonalbank
Verwaltungsratspräsident

Franken. Aerne schlägt eine Fusion vor: Assurinvest und Nova seien zusammen stärker. Die Nova will die Assurinvest kaufen und künftig die Pensionskassen beider Firmen betreuen – und zwar als neue Vorsorge-Holding.

Allerdings fehlen für die Fusion von Assurinvest und Nova zu einer neuen Holding noch 10 Millionen Franken. Dieses Problem löst Kuno Kennel. Im September 2014 schreibt er an Aerne und Werdenberg: »Guten Morgen miteinander, die Kredit-Kommission der SZKB hat gestern den Rahmenkredit von CHF 10,0 Mio an die Nova Vorsorge AG genehmigt.«

Die Nova kauft Daniel Werdenberg mit frischem Kapital der Schwyzer Kantonalbank die Assurinvest ab, die anschließend als hundertprozentige Tochtergesellschaft der Nova weiter besteht und unter CEO Daniel Werdenberg die Verwaltung sämtlicher Pensionskassen unter dem Nova-Dach übernimmt. Auch die PK Phoenix wird nun kaufmännisch von der Assurinvest betreut. Die neue Holding wird Anfang Januar 2015 ins Leben gerufen. Und die Kantonalbank verstärkt ihr Engagement: Sie besitzt inzwischen 30 Prozent der Nova. Im Verwaltungsrat sitzen Bankpräsident Kuno Kennel, die stellvertretende Geschäftsführerin der Schwyzer Kantonalbank, Daniel Werdenberg und Serge Aerne.

Doch schon in den ersten Monaten beginnt es zwischen Aerne, Kennel und Werdenberg zu kriseln. Zankapfel ist die Pensionskasse Alsa PK. Der Alsa-Stiftungsrat ist mit der Pensionskassenverwalterin Assurinvest nicht zufrieden und diskutiert die Kündigung des Vertrags. Für die Nova-Holding ist das ein Problem, denn es droht ihr der Absprung einer großen Sammelstiftung; Vorsorge-Holdings leben vom Versichertenvermögen der Pensionskassen, die sie betreuen. Ein Stiftungsrat kann der Vermögensverwalterin jederzeit kündigen, wenn er mit ihrer Arbeit unzufrieden ist. So steht es im Obligationenrecht (OR). Das ist sinnvoll und notwendig. Der Stiftungsrat ist das oberste Organ einer Pensionskasse und muss diese zum Wohl der Versicherten führen. Wenn er Unregelmäßigkeiten in der Verwaltung der Gelder feststellt, ist er zur Reaktion verpflichtet.

In der Realität sieht das System der Vorsorge-Holdings allerdings anders aus. Nicht die Stiftungsräte der Pensionskassen bestimmen, sondern die Chefs der Holdings. Wie diese Verschiebung sich gestaltet, demonstriert Nova-Verwaltungsrat Daniel Werdenberg im Mai 2015 in einem von ihm selbst verfassten Strategiepapier zum Umgang mit den Alsa-Stiftungsräten. Werdenberg schreibt: »Vertrag ALSA – AI läuft bis Ende 2016 und hat eine Kündigungsfrist von 1 Jahr. Gemäss OR 404 sind Aufträge aber jederzeit kündbar. Kündigung zur Unzeit? Zückerli: Sicherheit für Stiftungsrat, alles läuft wie gewohnt weiter. Schmerzen: Haftungsrisiken des Stiftungsrats.«

Das ist eines der zentralen Probleme der heutigen Vorsorgekonstrukte: Nicht die Holding-Vorstände haften rechtlich für die Pensionskasse, sondern der Stiftungsrat. Er ist gemäß Gesetz als oberstes Organ den Interessen der Versicherten verpflichtet und haftet persönlich für deren Vermögen. Das geht so lange gut, wie die Pensionskasse auch von ihm verwaltet ist. Gerät sie unter die Kontrolle einer starken Vorsorge-Holding, deren Verwaltungsräte nicht den Interessen der Versicherten verpflichtet sind, sondern den Aktionären der Holding, ist die Schieflage da. Wenn die Stiftungsräte sich wehren, machen die Holding-Chefs Druck – zum Beispiel eben mit der Haftungspflicht. Dieses Machtgefälle schwächt die Stiftungsräte enorm.

Jede Herabsetzung von Stiftungsräten sei inakzeptabel, sagt Urs Eicher, Präsident der Organisation PK-Netz, die die Interessen der Arbeitnehmenden in der zweiten Säule vertritt. »Der paritätisch zusammengesetzte Stiftungsrat ist das oberste Organ jeder Pensionskasse und jeder Sammelstiftung. An diesem Grundsatz darf nicht gerüttelt werden. Sonst wird der Wille des Gesetzgebers untergraben.«

Bei der Nova führt der Streit mit der Alsa auch zu Spannungen innerhalb des Verwaltungsrats. Ende Mai 2015 schreibt Kuno Kennel an Serge Aerne auf Whatsapp: »Lieber Serge, tut mir leid, dass ich ab und an zu emotional reagiert habe. Wir müssen eine gemeinsame Lösung finden. Der Status quo ist keine.« Dann spitzt sich die Lage zu. Der ALSA-Stiftungsrat teilt der Nova Anfang Juni 2015 per Einschreiben mit: »Die Zusammenarbeit zwischen Auftraggeberin ALSA PK und Auftragnehmerin Assurinvest scheint in hohem Mass gestört zu sein. Der ALSA PK Stiftungsrat ist beunruhigt und besorgt zugleich. Das ganze ALSA PK Team wird durch die zur Zeit schlechten Rahmenbedingungen sehr belastet.«

Mitte Juni 2015 schreibt Serge Aerne an Daniel Werdenberg: »Wie besprochen halte ich bezüglich ALSA folgendes fest: Ich kann mich mit dem (neuen) Lösungsansatz des Cases ALSA nicht identifizieren.« Daraufhin kommt es zum Bruch zwischen den Nova-Verwaltungsräten. Im August 2015 verkauft Serge Aerne seine Nova-Anteile an die Schwyzer Kantonalbank und Daniel Werdenberg. Über den Kaufpreis wird Stillschweigen vereinbart, doch er liegt, wie wir wissen, bei mehreren Millionen Franken. Dafür bekommen Kennel und Werdenberg eine Vorsorge-Holding, die drei Sammelstiftungen und vierzig Betriebspensionskassen mit insgesamt 33 000 Versicherten betreut – eine Goldgrube also.

Ende August 2015 besitzt die Schwyzer Kantonalbank 49 Prozent der Nova AG und stellt zwei von vier Verwaltungsräten. Kuno Kennel hat als Verwaltungsratspräsident den Stichentscheid. Damit nimmt die Kantonalbank »eine beherrschende Stellung« in der Holding ein, wie sie in ihrem Geschäftsbericht von 2020 selbst bestätigen wird. Die übrigen 51 Prozent gehören Daniel Werdenberg.

Nun räumt die neue Führungsriege bei der Phoenix auf und kündigt dem Chefbuchhalter wegen seiner Nähe zu Serge Aerne. Die hybride Phoenix stellt allerdings hohe buchhalterische Anforderungen, was nach dem Abgang des Buchhalters in kürzester Zeit zu Problemen führt. Die Assurinvest scheint mit der Verwaltung der Phoenix-Kasse überfordert. Es dauert nicht lange, bis die Stiftungsräte der Phoenix die Probleme registrieren. Sie beschweren sich bei der Assurinvest. Doch die Verwalterin will davon nichts wissen. Sie weist die Vorwürfe zurück. In den nächsten Monaten folgen weitere Beschwerden der Stiftungsräte über Unstimmigkeiten in der Buchhaltung, die von der Assurinvest weiterhin bestritten werden. Schließlich machen die Phoenix-Verantwortlichen den Schritt, der eine der größten Eruptionen in der Geschichte der Schweizer Pensionskassen auslöst: Sie drohen der Nova mit der Kündigung.

Das wäre ein paar Jahre früher nicht der Rede wert gewesen. Eine Pensionskasse ist unzufrieden mit ihrer Verwalterin, kündigt den Vertrag – und beide gehen getrennte Wege. Wen kümmert das? Doch 2015 ist eine andere Zeit. Nun haben es die Pensionskassen mit mächtigen Vorsorge-Holdings zu tun. Und die verstehen keinen Spaß, wenn es um Kündigungen geht. Schließlich leben sie einzig und allein von den Vorsorgeeinrichtungen, aus deren Versichertenvermögen sie ihre Gebühren abschöpfen. Ohne Pensionskassen sind Vorsorge-Holdings nichts wert.

Zwar hat sich das Problem mit der Alsa mittlerweile erledigt, die Sammelstiftung bleibt bei der Nova. Doch mit der Kündigungsandrohung der Pensionskasse Phoenix steigt der Druck auf die Nova und die Schwyzer Kantonalbank massiv. Daniel Werdenberg reagiert umgehend. Im Dezember 2015 verschafft er sich Zugang zu den Immobilienunterlagen der Pensionskasse Phoenix, obwohl die Nova AG für diesen Bereich kein Mandat hat. Werdenberg nimmt sich ohne Einwilligung des Stiftungsrats die Unterlagen zu den Häusern in Lütisburg, die die Phoenix 2013 von der Prof-ex GmbH der Familie Aerne gekauft hat.

Werdenbergs Ausflug ins Archiv bleibt nicht unbemerkt. Wenige Tage später treffen sich die Phoenix-Stiftungsräte zu einer außerordentlichen Sitzung. Sie kritisieren das »widerrechtliche Behändigen« des Immobilien-Portfolios und die Weitergabe an Dritte scharf und wollen einen Anwalt einschalten; so steht es im Protokoll. Dort ist weiter zu lesen, der Stiftungsrat habe Kenntnis erhalten von Kuno Kennels Verbindungen zu Aerius – der Gesellschaft, deren Wertpapiere die Phoenix soeben gekauft hat. Das Sitzungsprotokoll hält fest: »Kuno Kennel sitzt seit dem 19. November 2014 im VR [Verwaltungsrat] der [Nova] Vorsorge AG und seit dem 10. Dezember 2012 in der Aerius Holding AG. Hier sollte man prüfen, ob ein Geschäft Nahestehender besteht.« Anfang 2016 teilen die Stiftungsräte ihre Kenntnis über diese Zusammenhänge dem Nova-Verwaltungsrat mit. Damit ist allen, auch dem Präsidenten der Schwyzer Kantonalbank, klar: Die Phoenix-Stiftungsräte verfügen über Wissen, das nicht zu Kennels Vorteil ist.

Noch im Dezember 2015 entschuldigt sich die Nova bei der Phoenix dafür, dass ihr Verwaltungsrat das Immobilien-Portfolio der Pensionskasse behändigt habe. Und sie gibt erstmals zu, dass ihre Tochterfirma Assurinvest Probleme mit der komplexen Buchhaltung der Phoenix-Kasse hat. Das hindert Werdenberg allerdings nicht daran, seine Strategie im Umgang mit missliebigen Stiftungsräten weiter zu verfolgen. Er schickt den Phoenix-Verantwortlichen praktisch im selben Atemzug eine Abmahnung in Sachen Lütisburg: »Da diese Geschäfte mit Nahestehenden abgewickelt wurden, müssen eine lückenlose Dokumentation wie auch die Einhaltung der gesetzlichen Vorgaben gewährleistet sein.« Die Abmahnung dürfte wohl auf Informationen aus den Unterlagen basieren, die sich Werdenberg ohne Einwilligung des Stiftungsrats besorgt hat.

Anonym: **Der Angriff auf die Pensionskasse Phoenix**

Anfang 2016 stehen sich zwei feindliche Lager gegenüber: Die PK Phoenix wirft der Nova-Holding massive Fehler in der Buchhaltung vor. Die Holding und die Schwyzer Kantonalbank wiederum bezichtigen Serge Aerne und die Phoenix-Stiftungsräte, krumme Immobiliengeschäfte in Lütisburg getätigt zu haben. In einem Punkt sind sich alle Beteiligten einig: Mit der Buchhaltung der PK Phoenix stimmt etwas nicht.

In ihrer ersten Ratssitzung des Jahres besprechen die Phoenix-Stiftungsräte gemäss Protokoll »die vielen Angriffe gegenüber der Stiftung sowie deren Partner seitens Daniel Werdenberg« und gelangen zur Überzeugung, »dass man diesen Umständen zum Wohle der Stiftung umgehend Rechnung tragen muss und diese Situation unzumutbar ist für die Phoenix Pensionskasse«. Dann fällen die Stiftungsräte eine folgenreiche Entscheidung: »Aus diesem Grund erscheinen eine sofortige Kündigung sämtlicher Verträge und allenfalls weitere rechtliche Schritte als unausweichlich.« Noch im Januar 2016 informiert der Phoenix-Stiftungsrat den Nova-Verwaltungsrat offiziell über den Entschluss der Pensionskasse, sich von der Holding zu trennen.

Einen Monat später trifft die Antwort der Nova ein. Das Schreiben aus der Feder von Daniel Werdenberg ist ein Frontalangriff, eine lange Liste mutmaßlich von der PK Phoenix und Serge Aerne begangener Verstöße gegen die BVG-Verordnung und mutmaßlicher Straftatbestände, insbesondere im Zusammenhang mit der Überbauung in Lütisburg aus dem Jahr 2013. Daraufhin reichen die Phoenix-Verantwortlichen bei der Staatsanwaltschaft St. Gallen eine Strafanzeige gegen Daniel Werdenberg wegen Verletzung des Geschäftsgeheimnisses ein, weil Werdenberg sich im Dezember 2015 widerrechtlich die Unterlagen zum Immobilienportfolio Lütisburg verschafft und diese an Dritte weitergegeben habe.

Der Streit eskaliert. Ende April 2016 reicht die Nova-Tochter Assurinvest Anzeige bei der BVG- und Stiftungsaufsicht Aargau (BVSA) gegen die Stiftungsräte der Pensionskasse ein, die sie selbst verwaltet. Es ist eine sogenannte »Gefährdungsmeldung«, in der die Assurinvest verlangt: »Es sei dem Stiftungsrat der Phoenix Pensionskasse bis auf weiteres zu untersagen, ohne vorgängige Genehmigung der Aufsichtsbehörde Dispositionen zu treffen und Handlungen vorzunehmen, die über das normale Tagesgeschäft hinausgehen.« Begründet wird das Begehren mit diversen Missständen in der Leitung der Phoenix und insbesondere mit mutmaßlich begangenen Verstößen oder Straftatbeständen im Zusammenhang mit dem Immobilienkauf von Lütisburg 2013. Die Basis der Anschuldigungen bilden unter anderem die Unterlagen, die Daniel Werdenberg Ende 2015 ohne Mandat und ohne Einwilligung des Stiftungsrats an sich genommen hat. Das Motiv dahinter muss offenbleiben. Klar ist: Ein abgesetzter Stiftungsrat kann keine Verträge mehr kündigen.

Martin S. Mayer, Geschäftsführer der Aargauer Pensionskassenaufsicht, überprüft den Fall. Doch er unterlässt es, dem Phoenix-Stiftungsrat das rechtliche Gehör zu gewähren, bevor er Anfang Juni 2016 dessen Absetzung verfügt, wie später das Bundesverwaltungsgericht feststellt. Die Absetzung eines Stiftungsrates ist die schärfste Maßnahme, die einer Pensionskassenaufsicht zur Verfügung steht. Sie darf nur dann erfolgen, wenn alle anderen Rechtsmittel ausgeschöpft sind. Denn es gilt der Grundsatz der

Verhältnismäßigkeit: Eine Aufsichtsbehörde muss stets das mildeste noch wirksame Mittel zur Durchsetzung des rechtmäßigen Zustands ergreifen. Doch Mayer entscheidet sich von vornherein für das härteste Instrument: Zwei Monate nach der Gefährdungsmeldung spediert er die Phoenix-Stiftungsräte aus ihrem Amt und ersetzt sie durch einen von der Aufsicht bestellten kommissarischen Sachwalter. Die Rolle übernimmt Rechtsanwalt Felix Weber von der Aarauer Kanzlei Schärer Rechtsanwälte.

Weber macht Ende Juli 2016 einen überraschenden Schritt. Zusammen mit dem Phoenix-Stiftungsrat zieht er einen Strich unter die unheilvolle Geschichte. Er kündigt den Verwaltungsvertrag der PK Phoenix mit der Assurinvest und unterschreibt bei der größten Schweizer Pensionskassenverwalterin, den Swiss Life Pension Services (SLPS). Webers Entscheidung ist ein Desaster für die Nova und die Schwyzer Kantonalbank. Zwar hat die Aargauer Aufsicht den Stiftungsrat abgesetzt, aber dennoch verliert die Nova nun die einträgliche Pensionskasse Phoenix.

Ehemalige Mitarbeiter von Swiss Life berichten später von einer filmreifen Aktenübergabe durch die Nova: Ein riesiger Haufen Schachteln wird eines Abends einfach vor ihrer Tür deponiert. Die darin verstauten Dokumente sind ungeordnet und unvollständig. Die nächsten Monate ist Swiss Life damit beschäftigt, sich einen Überblick über das Chaos zu verschaffen. Auf Nachfrage antwortet Swiss Life wie folgt: »Dem Sachwalter war bekannt, dass keine geordnete Übergabe der Buchhaltung erfolgt war, zumal der SLPS diverse Unterlagen von der Assurinvest AG ohne weitere Erklärungen (beispielsweise betreffend Bearbeitungsstand) übergeben wurden. Offene Pendenzen und deren Bearbeitungsstand mussten deshalb von der SLPS zunächst eruiert und geklärt werden. Bereits aufgrund des Umfangs dieser Arbeiten war offensichtlich und transparent, dass es Monate dauern würde, bis die Buchhaltung und pendente Geschäftsfälle aufgearbeitet sind. Da der Sachwalter zudem gemäss Anweisung der Aufsichtsbehörde bestimmte Sachverhalte, welche von der Aufsichtsbehörde zur Anzeige gebracht worden waren, zu klären hatte, war eine Kontaktaufnahme mit der Assurinvest AG gemäss der ausdrücklichen Anweisung des Sachwalters untersagt. Damit sollte einer Vereitelung der Untersuchung vorgebeugt werden. Auch diese Umstände waren der von der Aufsichtsbehörde als Sachwalter eingesetzten Person und somit auch der Aufsichtsbehörde jederzeit bekannt.«

Nur wenige Tage nach der Kündigung des Verwaltungsvertrags reichen Daniel Werdenberg und die Schwyzer Kantonalbank Strafanzeige gegen Serge Aerne ein. Die Vorwürfe sind massiv: Urkundenfälschung, Falschbeurkundung und ungetreue Geschäftsführung. Dazu schreibt die Kantonalbank heute, die Assurinvest sei bis zum 31. Oktober 2016 für die Administration der PK Phoenix zuständig gewesen, und »in der Folge kam es zu verschiedenen Rechtsverfahren, die wir nicht weiter kommentieren«. Im September 2016 erhebt die Aargauer Aufsicht ebenfalls Strafanzeige gegen Aerne. Im Zentrum der Anschuldigungen stehen stets die Immobilien von Lütisburg.

Die Phoenix-Stiftungsräte wiederum legen gegen ihre Absetzung durch die Aargauer Aufsicht Widerspruch ein und bekommen Ende September 2016 Recht; das Bundesverwaltungsgericht setzt den Stiftungsrat wieder ein. Das Gericht hält fest, die Aufsicht habe die Maßnahmen gegen den Stiftungsrat verfügt, ohne diesen anzuhören, und rügt die Behörde dafür: »Die vorliegende Gehörsverletzung wiegt schwer.«

Jetzt machen die wieder eingesetzten Stiftungsräte einen Schritt auf Daniel Werdenberg zu und bieten ihm an, die Strafanzeige wegen widerrechtlicher Beschaffung des Immobilien-Portfolios zurückzuziehen – unter der Bedingung, dass Werdenberg die PK Phoenix künftig in Ruhe lasse und sich nicht weiter in ihre Belange einmische; juristisch handelt es sich um eine »Parteiverzichtserklärung«. Werdenberg unterschreibt im Oktober 2016: »Hiermit erklären wir unwiderruflich, dass wir auf eine Parteistellung verzichten und somit auf sämtliche damit verbundenen Rechte in diesem Verfahren.«

Werdenberg hat noch offene Rechnungen im Zusammenhang mit der Phoenix und fordert sie nun ein. Einen Tag nach seiner Unterschrift unter die Parteiverzichtserklärung schickt er einen Brief an Martin S. Mayer, den Geschäftsleiter der Aargauer Aufsicht. Bei dieser Behörde hatte Werdenberg ein halbes Jahr zuvor die Gefährdungsmeldung deponiert und die Absetzung des Phoenix-Stiftungsrats gefordert. Werdenberg schreibt: »In Bezug unseres Gesuchs, Aufsichtsmassnahmen gegen den Stiftungsrat der Phoenix Pensionskasse zu ergreifen, und das von Ihnen eingeleitete aufsichtsrechtliche Verfahren sind seitens der Anwaltskanzlei, Lenz & Staehelin, Aufwände entstanden. Wir erlauben uns, Ihnen beiliegend die Rechnung der Lenz & Staehelin in der Höhe von CHF 37 818.85 zu unserer Entlastung zuzustellen. Besten Dank für Ihre Kenntnisnahme und Bemühungen.«

Dieser Brief gehört zu den irritierendsten Schriftstücken im Fall Phoenix. Er wirft mehrere Fragen auf: Warum sollte die Aufsicht die Rechnung für eine Anzeige und das von ihr anschließend eingeleitete Verfahren bezahlen? Hat sie sich von der bekannten Anwaltskanzlei Lenz & Staehelin, die für die Schwyzer Kantonalbank arbeitet, helfen lassen? Weshalb schickt Werdenberg diese Rechnung persönlich an Martin S. Mayer und nicht, wie bei einer ordentlichen Rechnung zu erwarten, an die Geschäftsstelle der Aufsicht? Diese Fragen bleiben unbeantwortet. Weder die Aargauer Aufsicht noch Daniel Werdenberg oder die Schwyzer Kantonalbank sind bereit, den Brief zu kommentieren. Klar ist nur, dass Martin S. Mayer die Rechnung postwendend an den Absender zurückschickt, ohne zu bezahlen.

Für Daniel Werdenberg ist die Sache nicht erledigt, obwohl die Nova die Verwaltung der PK Phoenix an Swiss Life übergeben und er eine Parteiverzichtserklärung unterschrieben hat. Im März 2017 arbeitet er an einem sieben Seiten langen Word-Dokument. Wie viele Personen an diesem Dokument mitschreiben, ist bis heute nicht geklärt. Sicher ist, dass Werdenberg die Datei als Letzter bearbeitet. Das zeigen die Metadaten des Dokuments, unter dem offiziell nie ein Name stehen wird. Vier Jahre später wird Werdenberg gegenüber dem Finanzblog Inside Paradeplatz seine Mitarbeit am Word-Dokument auch öffentlich einräumen.

Die anonymen Verfasser formulieren massive Anschuldigungen gegen Serge Aerne und die Phoenix-Verantwortlichen. Sie werfen ihnen auf der Basis des Immobilienportfolios von Lütisburg unsaubere Rechtsgeschäfte mit Nahestehenden und dubiose Geldflüsse zugunsten von Aerne vor. Er soll beim Kaufgeschäft die eigenen Beteiligungen verschleiert und ungerechtfertigte Provisionen kassiert haben. Um den Immobilienhandel zu finanzieren, habe die PK Phoenix außerdem ein Vorsorgewerk zu ungünstigen Bedingungen für die Versicherten übernommen. Und schließlich bezichtigen die anonymen Verfasser Aerne und diverse Stiftungsräte krimineller Begünstigungen im Zusammenhang mit Darlehensvergaben.

Die anonymen Verfasser listen die Taten der Angeklagten auf, berufen sich auf Experten, legen vermeintliche Beweismittel vor und benennen Zeugen. Dabei vermischen sie Tatsachen wie korrekte Daten, Grundstücksnummern oder Quadratmeterangaben mit Interpretationen und Schlussfolgerungen. Die Erzähler scheinen sämtliche Akteure und deren Handlungsmotive zu kennen: »Diese Banken lehnten eine Finanzierung ab, weil sie das Projekt für zu risikoreich hielten«, ist da zu lesen. Oder: »Insbesondere schienen den Investoren die angestrebten Mieten bzw. Verkaufspreise an der entsprechenden Lage als überhöht und der Wohnungsmix unpassend.« Die Autoren dringen bis in das Befinden der Akteure vor: »Er stand unter Druck [...] Die Untersuchung hatte ihn aufgeschreckt.«

Und schließlich rufen die Verfasser auch Zeugen auf: »Die Herren Marcel H. und Bekim M. sind bereit, in dieser Sache Aussagen zu machen.« Zu einem der beiden Zeugen schreiben die Autoren: »Ein Herr Marcel H. wurde in anderem Zusammenhang verhaftet und gegen ihn läuft eine

Strafuntersuchung. Aus diesem Grund wurden seine Computer sichergestellt, welche auch Beweismittel zu diesem Geschäft enthalten.«

Die Verfasser dieses Dokuments kennen Zahlen, Fakten, Akteure und Handlungen bis ins Detail. Sie wissen auch über die Firmen gut Bescheid, über die sie schreiben – unter anderem die Gesellschaft Anytim AG. Einer ihrer Teilhaber heißt Jerôme B. Er kennt Serge Aerne und ist seit längerem mit ihm zerstritten. Das würde nichts weiter zur Sache tun, wenn die anonyme Word-Datei im Original nicht den Namen »Aktennotiz Phoenix_JB_2017-03_051« trüge. Steht »JB« für Jerôme B.? Das lässt sich nicht beweisen. Wie auch immer, bereits im Dezember 2016 schickte Jerôme B. eine E-Mail an einen Nova-Verwaltungsrat, um ihm den Einstieg in ein neues Projekt schmackhaft zu machen.

Jerôme B. schreibt: »Hoi. Ich habe eine Idee im Kopf und möchte sehen, wie wir einen ziemlich grossen Immo Börsengang aufziehen könnten. Liegenschaften aus dem Bestand der Assurinvest, 800 Mio bis 1 Milliarde Volumen, Aktien, Liquidität sowie Dividenden!!! Zusätzlich für (uns) eine Immobilien Verwaltungsgesellschaft die alles betreut und (uns) zusätzliche Einnahmen generiert. Wir könnten Daniel Werdenberg und die Schwyzer KB vorschicken um allen Parteien das ganze schmackhaft zu machen. Ich warte noch auf die Terminbestätigung von Daniel Werdenberg.«

Jerôme B. schwebt offenbar Großes vor. Dafür braucht er die Nova und die Schwyzer Kantonalbank. Doch was kann er im Gegenzug anbieten? Sicher ist, dass Daniel

Werdenberg ein paar Monate später die anonyme Word-Datei fertigstellt. Belegt ist außerdem, was nach der Bearbeitung der Datei durch Werdenberg geschieht: Das Haus von Jerôme B. soll Mitte Juni 2017 versteigert werden; das vermeldet das zuständige Betreibungsamt. Doch zur Versteigerung kommt es nicht. Jerôme B. erhält indirekt Geld von der Schwyzer Kantonalbank. Die Liegenschaft ist nun mit einem Schuldbrief von 1365000 Franken im Grundbuch eingetragen.

Ob diese Zusammenhänge mit der Frage nach den Verfassern des anonymen Word-Dokuments zu tun haben, muss hier offenbleiben. Dafür lässt sich das Dokument selbst beurteilen: Es ist eine Auflistung massiver Anschuldigungen gegen Serge Aerne und die Verantwortlichen der PK Phoenix. Die Verfasser stellen gravierende mutmaßliche Verstöße gegen das BVG und schwere mutmaßliche Straftatbestände insbesondere im Zusammenhang mit der Überbauung in Lütisburg aus dem Jahr 2013 in den Raum.

Das Dokument wird am 6. März 2017 um 18.16 Uhr von Nova-Verwaltungsrat Daniel Werdenberg finalisiert, der sich ein halbes Jahr zuvor in einer Parteiverzichtserklärung dazu verpflichtet hat, in der Sache PK Phoenix keinen Finger mehr zu rühren. Das Dokument landet schließlich in den E-Mail-Eingängen von Anwaltskanzleien, Amtsstuben, Beratern und Medienschaffenden großer Pressehäuser.

Daniel Werdenberg will sich uns gegenüber zu den geschilderten Ereignissen nicht konkret äußern. Er hält summarisch fest, unsere Schilderungen seien teilweise falsch oder aus dem Zusammenhang gerissen. Er schreibt auf unsere Anfrage: »Ich vermisse eine neutrale Recherche zur Frage, warum sich die Phoenix Pensionskasse in einer solch massiven Unterdeckung befindet. Ihre Fragen zielen nur darauf ab, die Schwyzer Kantonalbank, die Nova Vorsorge Gruppe oder mich als Person in Misskredit zu bringen.«

Befangen: **Die Aargauer Pensionskassenaufsicht richtet ein Debakel an**

Im Herbst 2016 hat das Bundesgericht die Aargauer Pensionskassenaufsicht zurückgepfiffen und die Phoenix-Stiftungsräte wieder eingesetzt. Diese lassen die Sache nicht auf sich beruhen. Sie haben den Verdacht, dass in der Kasse der PK Phoenix etwas nicht stimmt, und wollen herausfinden, wo der Hund begraben liegt. Deshalb schlagen sie der Aufsicht die Fortführung der Zusammenarbeit mit dem schon zuvor von ihr bestellten Sachwalter Felix Weber vor. Er solle herausfinden, was mit der Pensionskasse nicht stimmt, und zusammen mit den Phoenix-Verantwortlichen einen Maßnahmenplan erstellen.

Felix Weber macht sich an die Arbeit. Im Frühjahr 2017 erhält er eine E-Mail von Marcel H. Ein Mann mit demselben Namen ist im anonymen Word-Dokument als »Zeuge« gegen Serge Aerne und die PK Phoenix aufgeführt. Die E-Mail von Marcel H. erreicht den Sachwalter neun Tage nach der Fertigstellung des anonymen Word-Dokuments durch Daniel Werdenberg. Es enthält Informationen, an deren Einschätzung sich Felix Weber mutmaßlich macht; so steht es jedenfalls in seiner Honorarnote. Dort ist auch zu lesen, dass Weber zwei Tage später mit Marcel H. telefoniert.

Dann versanden die Arbeiten am Maßnahmenplan. Die Phoenix-Verantwortlichen hören nach eigenen Angaben kaum noch etwas von Weber. Erst Mitte September tritt der Sachwalter wieder in Erscheinung – mit einem über hundert Seiten dicken Bericht zuhanden der Aargauer Aufsicht. Weber bringt den Bericht persönlich zur Aufsicht; die Phoenix-Verantwortlichen erhalten ihn per Post. Dann tritt Weber überraschenderweise zurück.

Im Begleitschreiben zu seinem Bericht erklärt der Sachwalter: »Mit Verfügung vom 1. Dezember 2016 wurde festgestellt, dass bei der Phoenix Pensionskasse in verschiedenen Punkten Abklärungsbedarf besteht. Ich wurde als mandatierter Beauftragter der Phoenix Pensionskasse eingesetzt, den verbleibenden Abklärungsbedarf zu erfüllen sowie allfällig noch nicht entdeckte Unregelmässigkeiten festzustellen, allfällige Schäden für die Stiftung und auf Verantwortlichkeitsansprüche zu prüfen und durchzusetzen.«

Der Bericht stellt genau wie das Word-Dokument vom 6. März 2017 die Immobiliengeschäfte von Lütisburg im Jahr 2013 ins Zentrum. Auch Webers Fokus liegt auf Serge Aerne und den Phoenix-Verantwortlichen. Die Frage, ob die Unstimmigkeiten in der Pensionskasse Phoenix irgendetwas mit der Buchhaltung durch die Nova-Tochter Assurinvest in den Jahren 2015 und 2016 zu tun haben könnten, spielt in Webers Bericht keine Rolle. Ob das anonyme Word-Dokument dem Sachwalter als Vorlage zu seinem Bericht dient, muss offenbleiben. Unsere Bemühungen,

Felix Weber zu kontaktieren und mit ihm über den Fall zu sprechen, blieben ergebnislos.

Im Begleitschreiben zum Bericht hält Weber fest: »Mit dem vorliegenden Bericht erfolgt als erster Schritt eine Darstellung des bekannten relevanten Sachverhalts sowie eine summarische Einschätzung der Rechtslage.« Diese Bemerkung ist signifikant: Weber liefert eine Darstellung und eine summarische Einschätzung ab – das ist alles. Dennoch tragen die Nova-Holding, die Schwyzer Kantonalbank und die Aargauer Aufsicht den Bericht als »Kronbeweis« gegen Serge Aerne und die Phoenix-Stiftungsräte später bis vors Bundesgericht. Aber der Bericht ist kein Beweis. »Die in diesem Bericht enthaltene rechtliche Würdigung hat untergeordneten Charakter«, notiert Felix Weber in den Vorbemerkungen und fährt fort: »Die rechtliche Würdigung hat insbesondere den Zweck, die Fragestellung zu erfassen als Grundlage für die weitere juristische Aufarbeitung der Angelegenheit.«

Die Aargauer Aufsicht setzt Anfang 2018 mit Verweis auf Webers Bericht den Phoenix-Stiftungsrat zum zweiten Mal ab. Dieser wehrt sich erneut und zieht wieder vor das Bundesverwaltungsgericht. Vor diesem stützt sich die Aargauer Aufsicht auf den Bericht des Sachwalters und scheitert auch dieses Mal. Das Bundesverwaltungsgericht hebt die Absetzung der Phoenix-Stiftungsräte wieder auf.

Jetzt muss die höchste Pensionskassenaufsicht im Land übernehmen, die Oberaufsichtskommission des Bundes (OAK BV) in Bern. Sie zieht mit dem Bericht des Sachwalters vor das Bundesgericht. Und auch sie kassiert eine Niederlage: »Auf die Beschwerde wird nicht eingetreten«, verfügt das Bundesgericht in seinem Urteil vom Februar 2019. Die Oberaufsichtskommission schreibt dazu auf unsere Anfrage: »Die OAK BV hat keine Kompetenzen, in Einzelfällen eigene Untersuchungen anzuordnen oder durchzuführen. Beim Entscheid, ob ein Urteil vor das Bundesgericht gezogen wird, kann sich die OAK BV ausschließlich auf die Akten stützen, die auch dem Gericht zur Verfügung stehen.«

Der Phoenix-Stiftungsrat wird anschließend letztinstanzlich wieder in Amt und Würden gesetzt. Nach zwei Urteilen des Bundesverwaltungsgerichts und einem weiteren des Bundesgerichts gehen die Phoenix-Verantwortlichen davon aus, dass die Aargauer Aufsicht ihre Angriffe nun definitiv einstellt. Doch weit gefehlt: Im Herbst 2019 schickt der Geschäftsleiter der Aargauer Aufsicht Martin S. Mayer eine E-Mail an die Phoenix-Stiftungsräte und teilt ihnen mit, dass es an der Zeit sei für einen neuen Sachwalter: »Da die Phoenix Pensionskasse offensichtlich handlungsunfähig ist und eine ordentliche Geschäftsführung nicht mehr gewährleistet ist, ist durch die Aufsichtsbehörde umgehend eine entsprechende aufsichtsrechtliche Massnahme zu erlassen.«

Weiter heißt es: »Obwohl angesichts der Historie dieses Falles der Phoenix Pensionskasse von den Stiftungsräten wohl nicht unbedingt eine konstruktive Zusammenarbeit erwartet werden kann, wollen wir diese Stiftungsräte keineswegs absetzen.« Damit hätte Mayer wohl in der Tat Freund und Feind überrascht. Stattdessen fordert er: »Wir erwarten vielmehr ein einsichtiges Verhalten und im

Sinne des Wohls der Phoenix Pensionskasse den freiwilligen Rücktritt! Dies zwecks einer möglichst schnellen unbürokratischen und kostengünstigen Lösung mit einer möglichst unwidersprochenen Einsetzung eines kommissarischen Verwalters, welcher effizient handeln kann.« Neuerlichen Einspruch will Mayer nicht gelten lassen: »Allfällige weitere Obstruktionen sind kontraproduktiv und dienen nicht zur Findung einer effizienten und wirksamen Lösung.«

Die Phoenix-Verantwortlichen sind überrascht. Spätestens zu diesem Zeitpunkt stellt sich die Frage, ob es dem Geschäftsführer der Aargauer Aufsicht wirklich um die Klärung eines Sachverhalts geht oder ob hinter seinem Handeln nicht ganz andere Motive stecken. Denn offensichtlich kann Martin S. Mayer mit seinen Angriffen nicht aufhören. Daran ändert selbst ein Urteil des höchsten Schweizer Gerichts nichts.

Doch der Stiftungsrat hat nicht im Sinn, freiwillig zu gehen. Stattdessen gelangt er im April 2020 mit einer Beschwerde an den Aargauer Regierungsrat und fordert, dass Mayer wegen Befangenheit in den Ausstand treten müsse. Die Regierung zeigt allerdings wenig Lust, sich dem verworrenen Streit zu widmen. Sie lehnt die Beschwerde kurzerhand ab und lässt Mayer in Ruhe walten. Die Aargauer Regierung schreibt uns auf Anfrage dazu: »Der Regierungsrat kam in seiner Prüfung des Falls zum Schluss, dass nicht genügend Gründe für einen Ausstand vorliegen.« Deshalb muss sich schließlich das Aargauer Verwaltungsgericht mit der Sache beschäftigen und setzt ihr schließlich ein Ende. Das Gericht korrigiert den Entscheid des Regierungsrats und beordert Martin S. Mayer im September 2020 in den Ausstand.

»Alles in allem erscheint der Befangenheitsvorwurf an die Adresse des Geschäftsleiters der BVG- und Stiftungsaufsicht Aargau begründet«, hält das Verwaltungsgericht in seinem Urteil fest. »Es macht den Anschein, dass sich der Geschäftsleiter von seiner Würdigung, dass die Beschwerdeführerin unter amtliche Verwaltung gestellt gehört, nicht mehr ohne weiteres lösen kann.«

Der Geschäftsführer der Aargauer Aufsicht hat sich offensichtlich heillos verrannt. Seit der Gefährdungsmeldung gegen den Phoenix-Stiftungsrat durch die Nova und die Schwyzer Kantonalbank im Frühjahr 2016 sind über vier Jahre vergangen. In dieser Zeit hat die Aargauer Aufsicht selbst Strafanzeige gegen die Phoenix-Verantwortlichen eingereicht und mehrere aufsichtsrechtliche Angriffe gegen sie lanciert. Das Ergebnis ist ein Debakel.

Die Aargauer Aufsicht und ihr Geschäftsleiter äußern sich nicht zu den geschilderten Ereignissen. Sie verweisen auf das Amtsgeheimnis.

Manfred Hüsler, Direktor der Pensionskassen-Oberaufsicht des Bundes, sagt Anfang 2022 gegenüber *SonntagsBlick* und SRF: »Ein solcher Fall ist uns seit der Gründung der Oberaufsicht nicht bekannt.« Doch warum hat Hüslers Behörde im Fall Phoenix nie eingegriffen? »Wir setzen generelle Standards für den Vollzug«, sagt Hüsler. »Aber wir dürfen nicht in Einzelfällen intervenieren. Unsere Kompetenzen gegenüber den kantonalen Stellen sind begrenzt.«

Das ist eines der zentralen Probleme des Schweizer Pensionskassenmarkts: Die kantonalen Aufsichten können tun und lassen, wonach ihnen der Sinn steht. Die Oberaufsicht des Bundes hat keine Möglichkeit, einzuschreiten. Sie schreibt dazu auf Anfrage: »Die direkte Aufsicht wollte der Gesetzgeber bei den regionalen Aufsichtsbehörden belassen und darum hat er die OAK BV nicht mit der Kompetenz ausgestattet, ihnen Instruktionen zu erteilen.«

Rufmord: **Der Phoenix-Skandal in den Medien**

Seit 2016 tobt ein erbitterter Streit zwischen der PK Phoenix und Serge Aerne auf der einen, der Nova AG und der Schwyzer Kantonalbank auf der anderen Seite. Die Parteien werfen sich gegenseitig vor, für Unregelmäßigkeiten in der Verwaltung der Versichertengelder verantwortlich zu sein. Doch erst Anfang 2018 wird klar, worum es wirklich geht. Im Jahresabschluss 2017 der Assurinvest-Nachfolgerin Swiss Life Pension Services steht es schwarz auf weiß: In der Pensionskasse der PK Phoenix klafft ein Loch von 12,3 Millionen Franken.

»Niemand hat damit gerechnet, dass es so schlimm um die Phoenix steht«, sagt Serge Aerne. »Und wir erhielten keine Antworten. Aber schon Ende 2015 war klar, dass die Buchhaltung nicht funktioniert.« So fing die Geschichte an. Zunächst klagten die Stiftungsräte über die Assurinvest. Dem folgten die verschiedenen straf-, zivil- und aufsichtsrechtlichen Anzeigen gegen Serge Aerne und die Phoenix-Verantwortlichen.

Diese stehen 2018 vor einem Scherbenhaufen, worauf sie aber nicht reagieren können. Da sich die Aargauer Pensionskassenaufsicht von Anfang an auf die Phoenix-Verantwortlichen einschießt, sind den Stiftungsräten die Hände gebunden. Sie befinden sich in einer andauernden Abwehrschlacht gegen die Absetzungsversuche von Aufsichtsgeschäftsführer Martin S. Mayer. Erst nach ihrer endgültigen Wiedereinsetzung im Frühjahr 2019 wären die Stiftungsräte imstande, sich um die Phoenix zu kümmern, wenn nicht sogleich der nächste Angriff käme. Dieses Mal erfolgt er öffentlich und kommt aus dem Pressehaus Tamedia, dem größten Medienkonzern der Schweiz. Ihm gehören Flaggschiffe wie der *Tages-Anzeiger*, die *SonntagsZeitung* und *20 Minuten*.

Mitte März 2019 publiziert der *Tages-Anzeiger* einen Artikel unter dem Titel »Wie eine Pensionskasse Geld verbrannt hat«. Im Zentrum steht der »umtriebige Geschäftsmann« Serge Aerne, der seine »Rollen als Geschäftsmann und bei der PK Phoenix in fragwürdiger Weise vermischt« habe. »Denn die Aufsicht beanstandet eine Vielzahl von Mängeln.« Die »Mängel« werden im Artikel ausführlich und mit Verweis auf den Bericht von Sachwalter Felix Weber ausgebreitet. Die Vorwürfe drehen sich alle um das Immobiliengeschäft von Lütisburg von 2013.

Zwei Jahre nach der Fertigstellung des anonymen Word-Dokuments durch Daniel Werdenberg finden die Anschuldigungen also den Weg an die Öffentlichkeit. Im Artikel des *Tages-Anzeigers* werden sie von Pensionskassenexperte Martin Hubatka kommentiert. Hubatka erklärt: »Die Lage ist desolat – es ist aus heutiger Sicht unwahrscheinlich, dass diese Sammelstiftung überhaupt noch saniert werden kann.« Er habe kein Verständnis dafür, dass der Stiftungsrat gegen seine Absetzung juristisch vorgehe, sagt Hubatka. Stattdessen müsse geprüft werden, wer für die Lage haftbar gemacht werden könne: »Der Stiftungsrat klammert sich an sein Amt und hofft, der Verantwortung entgehen zu können, was ich für unwahrscheinlich halte.«

Erstmals erfährt so die Schweizer Öffentlichkeit aus einer großen Zeitung von den Problemen der PK Phoenix. Und ihr werden Schuldige serviert, als wären die Hintergründe schon geklärt: Serge Aerne und die Phoenix-Stiftungsräte. Mit Martin Hubatka insinuiert auch noch ein Mann vom Fach, dass die Stiftungsräte sich gegen ihre Absetzung wehren würden, um ihrer Verantwortung zu entgehen. Das ist starker Tobak.

Heute sagt Hubatka auf Anfrage: »Es ist ein Skandal sondergleichen, wie ihn die BVG-Welt die letzten zehn Jahre nicht mehr gesehen hat. Der Stiftungsrat, die Aufsichtsbehörden, der Sicherheitsfonds BVG – sie alle haben versagt. Meines Wissens ist die PK mittlerweile in Liquidation, was ich schon immer verlangt habe.« Tatsächlich ist es so, dass die PK Phoenix Gespräche mit dem Sicherheitsfonds führt. In Liquidation ist sie nicht.

Ende März 2019 legt das Medienhaus Tamedia im *Tages-Anzeiger* nach. Der Artikel heißt »Umstrittene Geschäfte im Umfeld der Pensionskasse Phoenix«. Nun geht es ans Eingemachte: »Bisher nicht bekannt war, dass gegen Phoenix-Gründer Serge Aerne mehrere Gerichtsverfahren im Gang sind. Dabei geht es um schwere Vorwürfe wie Bilanzfälschung, Urkundenfälschung, versuchte Erpressung und ungetreue Geschäftsführung.« Die Substanz der Vorwürfe wird nicht erörtert. Auch woher sie kommen, wird nicht ausdrücklich erwähnt. Allerdings nennt der Artikel erstmals die Assurinvest, die Nova und die Schwyzer Kantonalbank, und zwar als Opfer: »Wie verschiedene Quellen schildern, schöpfte bei der Assurinvest anfänglich niemand Verdacht. Wenn Aerne Kontrollaufgaben übernahm, wurde das zunächst als zuvorkommendes Engagement interpretiert. Doch bald habe es je länger, desto mehr Hinweise auf Ungereimtheiten gegeben. Schliesslich stellte die Assurinvest Bilanz- und Urkundenprobleme fest.«

In dem Artikel steht nichts davon, dass der Streit erst ins Rollen gekommen ist, nachdem die Phoenix-Verantwortlichen Unstimmigkeiten in der Buchhaltung feststellten und diese bei der Nova beklagten. Vielleicht weiß das der *Tages-Anzeiger* wirklich nicht. Am Anfang seiner Geschichte steht die Assurinvest, die zunächst keinen »Verdacht« schöpft, mit der Zeit aber immer mehr »Hinweise auf Ungereimtheiten« registriert. Gerichtsverfahren gegen den Phoenix-Gründer sind in diesem Bericht nur die logische Folge. Die TX Group, vormals Tamedia, äußert sich auf Nachfrage zum Bericht wie folgt: »Der Artikel vom 26. März 2019 berichtet sachlich über Vorwürfe, die in Gerichtsverfahren gegen den Gründer der PK Phoenix vorgebracht wurden. Der Journalist hat im Rahmen seiner Recherche mit den verschiedenen Streitparteien gesprochen und deren Positionen im Artikel dargestellt.«

Es folgen weitere mediale Angriffe auf die PK Phoenix, auch in anderen Medien. So titelt die SRF-Sendung *Kassensturz* im Sommer 2020: »Pensionskasse vernichtet Renten«. Serge Aerne und die Phoenix-Verantwortlichen rücken ins

Zentrum des öffentlichen Interesses. Die Schuldfrage scheint längst geklärt; sämtliche Berichte nehme dieselbe Perspektive ein. Die Rolle der Assurinvest, der Nova und der Schwyzer Kantonalbank wird nicht untersucht oder hinterfragt. Der interessierte Bürger muss davon ausgehen, dass eine Pensionskasse ins Schlingern geraten ist, weil ihr Gründer und die Stiftungsräte krumme Geschäfte gemacht haben.

Im Frühjahr 2019 beginnt einer von uns beiden zum Fall Phoenix zu recherchieren. Mario Nottaris, Inlandredaktor beim SRF, traut der Geschichte nicht, die so einseitig und eindimensional in den Medien zirkuliert. Immerhin steht die Nova-Holding seit 2015 bei der PK Phoenix in der Verantwortung. Anfang Oktober 2019 konfrontiert Nottaris die Schwyzer Kantonalbank mit seinen Recherchen und stellt ihr einen kritischen Fragenkatalog zu ihrer Rolle im Phoenix-Fall zu.

Darauf betritt eine der einflussreichsten PR-Agenturen der Schweiz die Bühne, die Konsulenten von Hirzel Neef Schmid. Sie haben schon unzähligen Unternehmen bei der Imagewahrung geholfen und Geschichten im Sinne ihrer Auftraggeber in den großen Medien des Landes platziert. Einer der Partner ist Jürg Wildberger, der ehemalige Chefredaktor von *Facts* und Gründer des SRF-Nachrichtenmagazins *10vor10*, der auch bei Tamedia und der *Weltwoche* gearbeitet hat, bevor er bei den Konsulenten eingestiegen ist. Er soll den guten Ruf der Schwyzer Kantonalbank verteidigen. Das Engagement hat allerdings von Beginn an eine ironische Spitze: Die öffentlich-rechtliche Anstalt Schwyzer Kantonalbank setzt dem eigenen Kommunikationschef einen teuren Berater aus Zürich vor die Nase, um gegen die Berichterstattung der öffentlich-rechtlichen Anstalt SRF vorzugehen. Mit anderen Worten, hier finanzieren Steuerzahlerinnen und Steuerzahler beide Seiten in einer potenziell teuren Auseinandersetzung.

Mario Nottaris wird kurz darauf in die Räumlichkeiten der Konsulenten am Zürcher Stadelhoferplatz zu einem Treffen mit Wildberger, Werdenberg und der Vize-CEO der Schwyzer Kantonalbank sowie Verwaltungsratspräsidentin der Nova-Holding eingeladen. Wildberger kommt umgehend zur Sache: Die Schwyzer Kantonalbank habe mit dem Fall Phoenix nichts zu tun. Allfällige Vorwürfe gegen das Finanzinstitut stammten von Serge Aerne und dürften deshalb von SRF nicht verwendet werden. Sonst mache sich das Medienhaus der Komplizenschaft mit einer Streitpartei schuldig. Dann neigt sich Wildberger dem SRF-Journalisten zu und fragt: »Kennst du den Bericht des Sachwalters?« Nach einer kurzen Pause fährt er fort: »Wenn du diesen Bericht gelesen hast, verstehst du alles.«

Nottaris ist im Besitz des Berichts, der ihn aber nicht überzeugt, weil sich die Vorwürfe trotz eingehender Recherchen in Lütisburg nicht erhärten lassen. Er kündigt Wildberger an, über die Rolle der Kantonalbank in dieser Geschichte zu publizieren. Nottaris arbeitet noch an dem geplanten Beitrag, als Anfang November 2019 ein großer Artikel in der *SonntagsZeitung* erscheint, der auf der ersten Seite angekündigt wird: »Heikle Geschäfte mit Vorsorgegeld«. Der Artikel trägt den Titel »Nun ermittelt Staatsanwaltschaft gegen Pensionskasse Phoenix« und zeigt Serge Aerne im Bild. Der Bericht wiederholt die bekannten Vorwürfe, ergänzt um die Meldung: »Die Staatsanwaltschaft Aargau bestätigt, dass sie wegen Verdachts auf ungetreue Geschäftsbesorgung und Widerhandlungen gegen das Bundesgesetz zur beruflichen Vorsorge Strafverfahren gegen Serge Aerne und sieben weitere Personen im Umfeld der Phoenix eröffnet hat, um die Vorwürfe zu prüfen.« Allerdings ist zu diesem Zeitpunkt kein Strafverfahren gegen Aerne eröffnet worden.

Interessant ist der Artikel trotzdem. Er lässt nämlich vermuten, dass der *SonntagsZeitung* nicht nur der Bericht des Sachwalters vorliegt, sondern auch das anonyme Word-Dokument vom März 2017. Ein Satz-zu-Satz-Vergleich des Artikels mit dem Word-Dokument zeigt auffällige Parallelen. Struktur, Inhalt, Zahlen und Fakten, bisweilen sogar der Wortlaut erhärten die Vermutung. Serge Aerne will es genau wissen und gibt eine forensische Sprachanalyse bei einem spezialisierten Unternehmen in Auftrag, das unter Einbezug von künstlicher Intelligenz die beiden Schriftstücke vergleicht. »Es sind viele Anzeichen, wonach der Großteil der Informationen im Artikel der *SonntagsZeitung* auf dem Word Dokument basieren«, halten die Gutachter fest. »Die Wahrscheinlichkeit, dass diese Datei bei der Erstellung des Artikels vorlag, ist sehr hoch (> 90 %). Vorbehalten bleibt eine ›andere Quelle‹, was jedoch aufgrund der vielen genannten übereinstimmenden Merkmale als großer Zufall zu werten ist.« TX Group, ehemals Tamedia, sagt auf Nachfrage: »Der Artikel vom 3. November 2019 ist korrekt und mit Belegen untermauert.«

Mario Nottaris nützt der erst im Sommer 2022 vorliegende Befund nicht. Nach dem Artikel in der *Sonntags-*

Zeitung kann er vorerst nicht mehr über den Fall berichten; die Vorwürfe gegen Serge Aerne und die Phoenix-Verantwortlichen sind zu gravierend. Eine Hintergrundrecherche zu veröffentlichen, die den Fokus von der Phoenix weg und hin zur Schwyzer Kantonalbank lenkt, kommt für SRF zu diesem Zeitpunkt nicht infrage. Erst im Frühjahr 2020 nimmt Nottaris einen neuen Anlauf. Anfang Mai bereitet er zwei Beiträge für die Sendung *Schweiz aktuell* vor. Der Journalist will über die Rolle der Nova und der Schwyzer Kantonalbank im Phoenix-Skandal berichten.

Als die Nova und die Schwyzer Kantonalbank davon erfahren, reagieren sie mit allen zur Verfügung stehenden Mitteln: Sie decken den Sender SRF mit Anträgen und Klagedrohungen ein, üben Druck auf Politikerinnen und Politiker mit Funktionen im BVG-Bereich aus. Der ehemalige *10 vor 10*-Chef Jürg Wildberger bearbeitet die SRF-Verantwortlichen im Stundentakt und fordert ultimativ, sie sollten die geplanten Sendungen aus dem Programm nehmen. Doch SRF hält stand, und die erste Folge des zweiteiligen Beitrags wird ausgestrahlt. Der Inlandchef des Senders wird später in einer Beanstandungsantwort zu den Fernsehberichten schreiben: »Genau so wenig liess sich die Redaktion durch den massiven kommunikativen und juristischen Druck der involvierten Parteien im Vorfeld der Berichterstattung beeinflussen. Sogar die BVG-Kommissionspräsidentin Christine Egerszegi und andere BVG-Kommissionsmitglieder wurden mit dem Versuch angegangen, Gabriela Medici als Expertin und Mitglied der BVG-Kommission zum Rückzug ihrer Aussagen zu bewegen.« Wildberger erklärt heute: »Ich hatte keinerlei Kontakt mit Christine Egerszegi.« Gut möglich, dass auch andere Kräfte den Fernsehbeitrag verhindern wollten.

Als Wildberger drei Stunden vor Beginn des zweiten Berichts immer noch nicht durchkommt, schickt er zwei Dokumente an den SRF-Inlandchef, die die Schuld von Serge Aerne und den Phoenix-Verantwortlichen endgültig beweisen soll – den Bericht des Sachwalters Felix Weber und das anonyme Word-Dokument. Dazu schreibt Wildberger: »Hier noch der Bericht des Sachwalters der PK Phoenix. Und die Geschichte der Immobilie Lütisburg. Da werden einige Machenschaften von SA [Serge Aerne] und seinen Compagnons vor allem im Immobilienbereich sichtbar.« Doch es hilft alles nichts. Auch der zweite Bericht von Nottaris erscheint. Damit wird die Öffentlichkeit zum ersten Mal über die Verstrickungen der Nova und der Schwyzer Kantonalbank in den Phoenix-Skandal informiert.

Die Schwyzer Kantonalbank reagiert umgehend mit einer Beschwerde vor der Unabhängigen Beschwerdeinstanz für Radio und Fernsehen (UBI) und schreibt: »Hätte er [Mario Nottaris] tatsächlich so sorgfältig recherchiert, wie er selbst behauptet, hätte er den Untersuchungsbericht des ehemaligen Sachwalters der Phoenix PK, Herrn Weber, konsultiert.« Obwohl der Bericht von Felix Weber ausdrücklich kein Untersuchungsbericht ist und Weber nur Vorwürfe zusammengetragen, aber nichts bewiesen hat, stützt die Kantonalbank ihre Beschwerde vor der UBI ausschließlich auf ihn. Das Exemplar, das sie einreicht, trägt einen unterschriebenen Stempel: »BVSA BVG- und Stiftungsaufsicht Aargau, 18. September 2017«. Wie die Bank an diesen Bericht gekommen ist, bleibt unklar. Sie schreibt heute dazu: »Die SZKB war nie im Verfahren involviert. Das Dokument wurde offenbar breit gestreut. Der Bericht, welcher von einer staatlichen Stelle in Auftrag gegeben wurde, hilft, die Ursachen der Deckungslücke aufzuzeigen (Wertberichtigung Immobilie Lütisburg, Wertberichtigung Darlehen, Rentnerbestand Injecta etc.).«

Im Frühjahr 2021 weist die UBI die Beschwerde der Schwyzer Kantonalbank zurück. Das ist eine herbe Niederlage für das Finanzinstitut. Aber die Erzählung vom »umtriebigen Geschäftsmann« Serge Aerne, der mit Immobiliengeschäften eine ganze Pensionskasse in den Ruin getrieben haben soll, sitzt tief im öffentlichen Bewusstsein. Der Angriff in der *SonntagsZeitung* vom November 2019 wirkt nachhaltig.

Treiber: **Die Schwyzer Kantonalbank im Phoenix-Skandal**

Als der *Tages-Anzeiger* im Frühjahr 2019 seinen ersten Artikel über Serge Aerne publiziert, weiß in der Schweiz fast niemand, dass auch die Schwyzer Kantonalbank mit der PK Phoenix zu tun hat – mit Ausnahme von ein paar Politikern im Kanton Schwyz: Die Kantonsrätliche Aufsichtskommission (KRAK) hat die Aufgabe, die Kantonalbank, die zu 100 Prozent den Schwyzer Steuerzahlerinnen und Steuerzahlern gehört, zu überwachen.

Die Mitglieder der KRAK wissen, dass die Kantonalbank eine Vormachtstellung in der Nova-Holding hat, die von

Schwyzer Kantonalbank SZKB

1890 als öffentlich-rechtliche Anstalt gegründet, bis heute zu 100 Prozent in Kantonsbesitz

Hauptsitz in Schwyz, 23 Filialen

614 Angestellte

2022 wurde die Bank von Standard & Poor's mit der zweitbesten Bonitätsnote AA+ bewertet.

Der neunköpfige Bankrat ist oberstes Organ und wird vom Kantonsrat gewählt.

Die fünfköpfige Geschäftsleitung wird vom Bankrat gewählt.

2015 bis 2016 die PK Phoenix verwaltete. Sie wissen auch, dass die Bank zehn Millionen Franken wegen dieses Engagements abschreiben musste. Denn es gelang ihr nicht, das Geld wieder hereinzuholen, das sie in den Kauf von 49 Prozent der Nova investiert hatte.

Bankpräsident Kuno Kennel und Nova-Verwaltungsrat Daniel Werdenberg haben ihre Sicht der Dinge. Sie werfen Serge Aerne vor, ihnen seine Anteile an der Nova zu teuer verkauft zu haben; schon 2016 haben sie deshalb gegen ihn Anzeige erstattet. Im Sommer 2019, als immer mehr Medien über die Phoenix berichten, nähert sich das zivilrechtliche Verfahren vor dem Schwyzer Bezirksgericht seinem Abschluss. Es wird unruhig im Kanton Schwyz. Die Bevölkerung stellt plötzlich Fragen, Politikerinnen und Politiker wollen wissen, was es mit der Phoenix-Beteiligung auf sich hat. Die KRAK kommt unter Druck. Im Juni 2019 leitet sie eine Untersuchung durch die Beratungsfirma Deloitte ein.

Anfang September 2019 fällt das Bezirksgericht Schwyz schließlich sein Urteil. Es weist die Klage von Kennel und Werdenberg vollumfänglich ab. Das Onlineportal »Inside Paradeplatz« kommentiert: »Trotz Heimvorteil: 0 zu 100 Niederlage für Schwyzer Kantonalbank.« Doch für den Bankpräsidenten ist das nicht das letzte Wort: Ende September wird die E-Mail publik, die Kennel im Mai 2014 an Aerne geschickt hat: »Kannst du jetzt nicht 1 Million für Aerius lockermachen? Die Aktie ist jetzt wieder auf sehr attraktivem Niveau!« Es ist die zweite Hiobsbotschaft nach Bekanntwerden der Nova-Abschreibung von zehn Millionen Franken. Der Druck auf Kennel steigt. Die SP des Kantons Schwyz teilt mit: »Die von den Medien aufgedeckten Interessenkonflikte machen Kennel als Präsident der obersten strategischen Führung der Schwyzer Kantonalbank untragbar.«

Jetzt wird es auch für Finanzdirektor und Landammann Kaspar Michel eng. Der FDP-Politiker weiß seit einem Jahr, dass die Kantonalbank in den Phoenix-Skandal verwickelt ist. 2018 stellte ein ehemaliger Phoenix-Mitarbeiter dem höchsten Schwyzer Amtsträger ein umfangreiches Dossier mit den relevanten Akten per Einschreiben an den Amtssitz in Schwyz zu. Gemäß unseren Recherchen leitete der Landammann das Dossier weiter, allerdings nicht an die KRAK, sondern an seinen langjährigen FDP-Parteifreund Kuno Kennel. Im Herbst 2019 kritisiert schließlich ein anerkannter Fachmann für ethische und moralische Verhaltensregeln öffentlicher Verwaltungen in einer SRF-Nachrichtensendung dieses Vorgehen unmissverständlich.

Schwyzer Politikerinnen und Politiker reagieren überhaupt sehr zurückhaltend, wenn es um die Schwyzer Kantonalbank geht. Sie nehmen die Statements der Bank entgegen, die jede Verantwortung im Phoenix-Debakel ablehnt, und gehen zur Tagesordnung über. Niemand will es genau wissen. Die Bank hat sehr viel Macht im Kanton. Auch der *Bote der Urschweiz* steht unter dem Druck des Finanzinstituts und berichtet sehr zurückhaltend. Die Wortwahl der Bank wird bisweilen sogar in Artikeltiteln übernommen – was zu Überschriften wie dieser führt: »SZKB hat Anwürfe zur Kenntnis genommen«.

Kuno Kennel tritt Anfang Oktober 2019 als Bankpräsident zurück. »Wir wollen als Bank einen Schlussstrich ziehen«, sagt CEO Peter Hilfiker, der seit 2010 die Geschäfte des Finanzinstituts leitet. Allerdings stolpert Kennel über die Aerius-E-Mail, nicht über das Millionenloch in der PK Phoenix und die Frage, was die Schwyzer Kantonalbank damit zu tun hat. Dort aber liegt der Hund begraben. Deshalb ist die Bank noch weit von einem Schlussstrich entfernt.

Nach weiteren SRF-Beiträgen von Mario Nottaris, der im Frühjahr 2020 erstmals ausführlich auf die Rolle der Schwyzer Kantonalbank in diesem Fall hinweist, melden sich erste Politikerinnen und Politiker zu Wort. Der Schwyzer SP-Präsident Andreas Marti sagt gegenüber SRF: »Ich bin verärgert. Offenbar wusste die Schwyzer Kantonalbank Bescheid über Geschäfte an der Grenze der Legalität. Es ist ein Riesenskandal, dass die Schwyzer Kantonalbank das toleriert hat. Wir fordern Aufklärung und Transparenz.« Der interimistische Schwyzer SVP-Präsident Roman Bürgi sagt: »Es geht um sehr viel Geld, das der Schwyzer Bevölkerung gehört. Deshalb erwarten wir eine lückenlose, transparente und rasche Aufarbeitung der Vorwürfe.«

Ende Mai 2020 debattiert der Kantonsrat intensiv über die Beteiligung der Kantonalbank an der Nova-Holding. Einige Kantonsräte verlangen den sofortigen Ausstieg aus diesem Investment. Der neue Präsident der Kantonsrätlichen Aufsichtskommission (KRAK), SVP-Kantonsrat Alexander Lacher, verlangt, dass die Bank den Sachverhalt umfassend und transparent aufklärt – zusätzlich zu einer Untersuchung von Deloitte, die die KRAK bereits 2019 in Auftrag gegeben hat. »Sie haben die Medienberichte gehört und gesehen – es hört nicht auf«, erklärt Lacher im Ratssaal. »Als Politikerin und Politiker haben wir das Recht, dass wir informiert sind, damit wir richtig handeln können.«

Doch längst nicht alle Parlamentarier finden kritische Nachfragen an die Bank angemessen. CVP-Mann Bruno Beeler sagt: »Es ist nicht angebracht, wegen einer einzigen Beteiligung, die eine Bank halt einmal machen muss, die auch in die Hose gehen kann, komisch zu tun.« Und FDP-Kantonsrat Dominik Zehnder findet: »Die Unruhe, die vor etwas mehr als einem Jahr mit einer nicht fundierten Schlammschlacht gegen unsere Bank und insbesondere ihre Organe in verschiedenen Medien, zum Teil auch im Staatsmedium, lanciert worden ist, hat es der Bank und ihren Mitarbeitenden sicher nicht einfacher gemacht.«

Diese Voten aus dem Schwyzer Kantonsparlament veranlassen Nottaris, gemeinsam mit dem Inlandchef von SRF TV das Gespräch mit dem Schwyzer Landammann Kaspar Michel zu suchen und ihm Einblick in die Recherche und Zugang zu den relevanten Akten zu gewähren. Michel lädt zwar zum persönlichen Treffen nach Schwyz, allerdings nur, um den Journalisten zu erklären, warum er für Belange der Kantonalbank nicht zuständig sei. Daran hält er bis heute fest: »Der Regierungsrat oder das Finanzdepartement haben gegenüber der Schwyzer Kantonalbank weder Pflichten noch Befugnisse.« Auch dem KRAK-Präsidenten Alexander Lacher und Kuno Kennels Nachfolger August Benz bietet SRF an, im persönlichen Gespräch Akteneinsicht zu gewähren. Doch zu einem Treffen kommt es nicht.

Der Kantonsrat folgt schließlich dem Antrag der KRAK und verweigert den Organen der Schwyzer Kantonalbank die Entlastung – ein klares Misstrauensvotum. Doch holen die Parlamentarier die Entlastung ein Jahr später nach, ohne dass die Bank erkennbar irgendetwas geliefert hätte. KRAK-Chef Alexander Lacher, der im Frühjahr 2020 noch volle Transparenz gefordert hatte, sagt Anfang Februar 2021 gegenüber *SonntagsBlick*: »Die angeblichen Unregelmässigkeiten betreffen nicht die SZKB, sondern die PK Phoenix.« Die Politik schließt die Reihen und stellt sich schützend vor die Bank, die nach wie vor jede Verantwortung von sich weist.

Sichtbar sind allerdings die Rochaden in der Führungsriege der Bank, die nun folgen: Anfang November 2020 verlässt die Vize-Geschäftsführerin das Finanzunternehmen. Sie saß von Anfang an im Nova-Verwaltungsrat und folgte 2017 Kuno Kennel als Verwaltungsratspräsidentin nach. Ende Januar 2021 – einen Tag nach dem Urteil der Unabhängigen Beschwerdeinstanz für Radio und Fernsehen zugunsten SRF – räumt auch CEO Peter Hilfiker vorzeitig sein Büro und geht in Pension; sein Eintritt in den Ruhestand wäre eigentlich Ende März vorgesehen gewesen. Hilfikers Nachfolgerin kommt von der UBS – eine Bank, die in der Phoenix-Geschichte auch noch eine Rolle spielen wird.

Doch damit ist die Sache für die Schwyzer Kantonalbank nicht ausgestanden. Anfang Februar 2021 konfrontiert der andere von uns, *SonntagsBlick*-Journalist Danny Schlumpf, die Bank mit neuen kritischen Fragen zu ihrer Verantwortung für das Phoenix-Debakel. Am Tag darauf geben zwei weitere Führungskräfte der Schwyzer Kantonalbank ihren Rücktritt bekannt. Jetzt sind sämtliche Geschäftsleitungsmitglieder nicht mehr da, die in den Fall der

PK Phoenix verwickelt waren. Offiziell will die Bank aber weiterhin nichts mit den Turbulenzen der PK Phoenix zu tun haben. Gegenüber *SonntagsBlick* erklärt sie noch im Februar 2021, an der desolaten Lage der Pensionskasse seien Aktivitäten von Aerne und den Phoenix-Verantwortlichen aus dem Jahr 2013 schuld. »So kam das Millionenloch zustande.«

Ganz wohl in ihrer Haut scheint es den Verantwortlichen trotzdem nicht mehr zu sein. Anfang Mai 2021 gibt die Bank ihren Ausstieg aus der Nova-Holding bekannt – in einer kurzen, kaum beachteten Medienmitteilung: »Der Bankrat prüfte in den vergangenen Monaten verschiedene strategische Optionen für die Nova-Beteiligung. Er hat entschieden, die Beteiligung an der Nova Vorsorge AG an den Mehrheitsaktionär [Daniel Werdenberg] zu verkaufen, weil Beteiligungen an Gesellschaften, die Pensionskassen administrativ verwalten, nicht mehr zur aktuellen Strategie der SZKB passen.«

Noch im Oktober 2019 hatte CEO Peter Hilfiker zur Strategie der Bank gesagt: »Die Vorsorge haben wir bewusst gewählt, weil wir hier unseren Kunden, insbesondere dem Gewerbe, einen Mehrwert bieten können.« Das scheint plötzlich nicht mehr der Fall zu sein. Allerdings hat der Ausstieg aus der Nova-Holding wohl kaum mit einer neuen Strategie zu tun. Hier geht es nicht um Planspiele. Die Situation ist viel ernster.

Rund zwei Jahre nach Bekanntwerden des Millionenlochs dreht sich langsam, aber sicher der Wind – nicht nur in der medialen Berichterstattung, die nach SRF und *SonntagsBlick* die Scheinwerfer in eine andere Richtung schwenkt. Jetzt kommt auch die Zeit der nüchternen Untersuchungsergebnisse und der juristischen Aufarbeitung des Skandals.

Im Juni 2020 liegen die Resultate des forensischen Gutachtens vor, das die PK Phoenix 2018 bei der Revisionsfirma AWB in Auftrag gegeben hat. Das Gutachten hält fest: »Die in den Jahren 2013 und 2014 erstellten Jahresrechnungen zeigen keine Anzeichen oder Indizien für wesentliche Fehlaussagen.« Mit anderen Worten, 2013 sind weder bei der PK Phoenix noch in Lütisburg krumme Geschäfte gemacht worden. In dieser Zeit können also die über 12 Millionen Franken nicht verschwunden sein.

Die Buchhalter haben dann das Jahr 2015 unter die Lupe genommen, als die Schwyzer Kantonalbank die Nova dominierte und die Nova-Tochter Assurinvest unter CEO Daniel Werdenberg die Phoenix-Buchhaltung zu verantworten hatte. Das Fazit der Untersuchung lautet: »Wir können wesentliche Fehlbuchungen nicht ausschließen.« Und weiter: »Im Anhang zur Jahresrechnung sind wesentliche Transaktionen nicht offengelegt.« Die Assurinvest führte die Buchhaltung der Phoenix auch 2016, bis der Sachwalter ihr schließlich kündigte und sie Ende Oktober 2016 die Buchhaltung an Swiss Life übergab. Die AWB-Experten haben sich auch dieses Jahr genauer angeschaut. Ihr Urteil zur Bilanz 2016 ist mindestens so vernichtend wie das zur Bilanz 2015: »Es muss davon ausgegangen werden, dass die Jahresrechnung 2016 wesentlich falsch ist.«

Das Millionendefizit der PK Phoenix hat demnach nichts mit Immobiliengeschäften aus dem Jahr 2013 zu tun. Stattdessen kam es 2015 und 2016 zu Fehlern in der Buchhaltung. Die Gutachter kommen zu dem Schluss: »Es ist davon auszugehen, dass aufgrund einer korrigierten Jahresrechnung 2016 mit einem um CHF 12,4 Mio. schlechteren Ergebnis und einer Unterdeckung von CHF 17,7 Mio. anstatt 5,3 Mio. grundlegend andere Maßnahmen des Stiftungsrates und der Aufsichtsbehörde zur Folge gehabt hätten.« Doch dieses schlechtere Ergebnis ist in der Jahresrechnung von 2016 nicht ausgewiesen. Das Loch wird erst ein Jahr später von der Assurinvest-Nachfolgerin Swiss Life entdeckt.

Damit kehren die forensischen Buchprüfer von AWB die bisherige unheilvolle Beurteilung des Phoenix-Skandals um: Schuld am Debakel sind nicht Serge Aerne und die misstrauisch gewordenen Stiftungsräte, die seit 2016 mit einem Sturm von Anzeigen, Absetzungsversuchen und diffamierenden Medienberichten in Schach gehalten wurden. Stattdessen stellt das rechtliche Gutachten entscheidende Buchhaltungsfehler in den Jahren 2015 und 2016 fest, also einer Zeit, in der die von der Schwyzer Kantonalbank beherrschte Nova-Holding für die Buchhaltung verantwortlich war.

Von diesem eindeutigen Ergebnis zeigen sich allerdings weder die Schwyzer Kantonalbank noch die Nova beeindruckt. Daniel Werdenberg sagt gegenüber *SonntagsBlick*: »Die Abschlüsse 2015 und 2016 waren korrekt. Es gab keine Fehlbuchungen.« Die Schwyzer Kantonalbank erklärt heute zu dem rechtlichen Gutachten: »Trotz umfangreicher Abklärungen können weder der AWB-Bericht noch die PK Phoenix konkrete Fehlbuchungen und Fehlüberweisungen der Assurinvest nachweisen, welche pflichtwidrig gewesen sein sollen. Der Stiftungsrat der PK Phoenix hat bis jetzt keine Erklärung zur grossen Deckungslücke gegeben.«

Auch die Aargauer Aufsicht sieht nach Erscheinen des AWB-Berichts keinen Grund, ihre bisherige Fehleinschätzung zu korrigieren und die Weichen neu zu stellen. Stattdessen gibt sie selbst ein Gutachten in Auftrag, und zwar bei KPMG Forensic, der ersten Adresse unter forensischen Buchprüfern. Das neue Gutachten soll den Beweis erbringen, dass die Anschuldigungen gegen die Phoenix-Verantwortlichen eben doch zutreffen.

In einer umfangreichen Untersuchung stellt KPMG in der Folge die gesamte E-Mail-Korrespondenz der PK Phoenix zwischen 2012 und 2020 wieder her und durchforstet über 200 000 Dateien. Das Ergebnis liegt im März 2022 vor. Es ist eindeutig: Die Buchprüfer finden »keine Hinweise auf betrügerische Vorgehensweisen«. KPMG wertet sämtliche Bankunterlagen der PK Phoenix aus der Zeit von 2012 bis 2020 aus und sichtet Tausende Kontobewegungen. Aber die Experten finden keine einzige verdächtige Transaktion. Ihr Fazit lautet: »Im Rahmen der durch uns durchgeführten Durchsuchung von E-Mails und der Analyse des Geldverkehrs auf den genannten Bankkonten von Phoenix konnten keine Hinweise auf betrügerische Vorgehensweisen festgestellt werden.«

Der KPMG-Bericht ist eine Blamage für die Aargauer Aufsicht. Und er widerspricht der Darstellung der Schwyzer Kantonalbank. Seit 2016 haben die Aufsicht und die Kantonalbank Serge Aerne und die Phoenix-Verantwortlichen mit Anzeigen und Klagen eingedeckt, ohne je, zumindest nach außen, die eigenen Handlungen infrage zu stellen.

Die Bank hat von Aerne überdies mehrere Millionen Franken eingefordert, aber das Bezirksgericht Schwyz wies die Klage 2019 als unbegründet ab. Die Kantonalbank ist zusammen mit Daniel Werdenberg auch strafrechtlich gegen Aerne vorgegangen – mit schwerwiegenden Vorwürfen, darunter Urkundenfälschung, ungetreue Geschäftsbesorgung, versuchte Erpressung und Geldwäscherei.

Im Februar 2022 fällt die Staatsanwaltschaft Thurgau schließlich ein Urteil. Sie hat die gravierenden Vorwürfe jahrelang untersucht und stellt nun fest, es lasse sich kein einziger davon als »anklagegenügend« erhärten. Aus Sicht der Staatsanwaltschaft sei »schleierhaft«, inwiefern die beschuldigten Stiftungsräte im »tatbeständlichen Sinne zu qualifizieren seien«.

Erstmals beurteilt damit eine juristische Instanz die Vorwürfe im Zusammenhang mit den Immobiliengeschäften von Lütisburg im Jahr 2013. Sie wurden nie genügend begründet oder bewiesen, haben aber permanent und öffentlich für Druck auf Aerne und die Phoenix-Stiftungsräte gesorgt. Diese Bezichtigungen werden nun von der zuständigen Staatsanwaltschaft als haltlos beurteilt. Der Staatsanwalt geht explizit auf die Beweiskraft des Berichts von Sachwalter Felix Weber ein, den die Nova und die Kantonalbank vor die Aargauer Aufsicht, das Bundesverwaltungsgericht und das Bundesgericht getragen haben und der den Medien zugespielt wurde. Dieser Bericht sei kein Beweis, stellt nun auch der Staatsanwalt fest. Darauf fußende Vorwürfe taxiert er als »pauschal« und »nicht konkretisiert«.

Für Serge Aerne und die Phoenix-Verantwortlichen bedeuten diese Verfügungen den Durchbruch – nach sechs Jahren diffamierender Auseinandersetzung. Die juristische Beurteilung der unbewiesenen Vorwürfe ist ein Wendepunkt im Phoenix-Skandal. Damit liegt die Frage auf dem Tisch: Wenn Aerne und die Stiftungsräte nicht schuld am Millionenloch sind – wer dann? »Die Schwyzer Kantonalbank muss endlich Verantwortung übernehmen«, sagt Serge Aerne. »Sie hat lange genug versucht, die Schuld auf andere zu schieben.«

Doch von einem Bekenntnis und Verantwortungsübernahme ist die Kantonalbank selbst nach dem Verdikt des Staatsanwalts weit entfernt. Im Gegenteil, sie will mit der Sache nichts mehr zu tun haben, wie sie Anfang 2022 gegenüber *SonntagsBlick* und SRF mitteilt: »Aus Sicht der SZKB ist die Angelegenheit mit dem im Mai 2021 erfolgten Verkauf der Minderheitsbeteiligung an der Nova Vorsorge AG erledigt.« Soll das heißen: aus den Augen, aus dem Sinn? Das wäre als Haltung einer Institution, die Teil eines Rechtsstaats ist, irritierend. Die Bank schreibt weiter: »Die angeblichen Schwierigkeiten der PK Phoenix haben nichts mit der Schwyzer Kantonalbank zu tun.« Die gravierenden finanziellen Probleme der PK Phoenix, für die die Schwyzer Kantonalbank Serge Aerne und die Stiftungsräte vor der Aargauer Aufsicht, diversen Gerichten und in den Medien mit großen Worten verantwortlich gemacht hat – sie werden von der Kantonalbank nun plötzlich als »angebliche« Schwierigkeiten bezeichnet.

Diese Art von Kommunikation ist durchschaubar: Man will lieber nicht mehr so genau wissen, was da passiert ist, Die Bank will sich nach außen so weit wie möglich vom

Skandal distanzieren. Hinter den Kulissen agiert sie allerdings weiterhin in der eingeschlagenen Richtung. Sie fechtet einen Teil der Verfügung des Staatsanwalts im Fall Serge Aerne umgehend an. Worauf ihr der Staatsanwalt antwortet: »Entgegen dem schwankenden, teils falschen, jedenfalls aber wiederholt unpräzisen Vorbringen der Beschwerdeführerin geht es also um die Frage, ob zurecht eine Einstellung verfügt wurde.« Diese Frage sei wie folgt zu beantworten: »Die Staatsanwaltschaft hat jedenfalls dann einzustellen, wenn – gemäss ihrer pflichtgemässen Einschätzung – eine Hauptverhandlung als Ressourcenverschwendung resp. aufgrund des absehbaren Freispruchs als Zumutung für den Beschuldigten erscheinen müsste. Das ist vorliegend der Fall.«

Ein Verdacht, warum die Schwyzer Kantonalbank nicht aufhört, taucht auf. Solange das Verfahren läuft, ist Aerne nicht vollständig entlastet. Außerdem sind Gegenanzeigen gegen Vertreter der Bank ausgesetzt, solange dieses Strafverfahren nicht abgeschlossen ist. Und eine solche Gegenanzeige wegen falscher Anschuldigung gibt es. Aerne hat sie 2019 eingereicht. Er wirft der Bank vor, rechtlich gegen ihn vorgegangen zu sein, obwohl sie gewusst habe, dass an den Vorwürfen nichts dran war. Und nach Strafgesetzbuch macht sich strafbar, »wer einen Nichtschuldigen wider besseres Wissen bei der Behörde eines Verbrechens oder Vergehens beschuldigt, in der Absicht, eine Strafverfolgung gegen ihn herbeizuführen«. Der Straftatbestand der falschen Anschuldigung gilt im Schweizer Strafrecht als Verbrechen und ist in einer selbständigen Bestimmung mit schwerer Strafandrohung geregelt.

Die Schwyzer Kantonalbank schreibt auf unsere Anfrage: »Der SZKB ist keine Strafanzeige wegen falscher Anschuldigung gegen die Bank bekannt.« Tatsächlich richtet sich Aernes Anzeige nicht gegen die Bank als Unternehmen, sondern gegen Verantwortliche der Bank. Dazu schreibt die Bank: »Die SZKB ist nicht Verfahrenspartei.« Ist das der Versuch, eine Sache, die längst von öffentlichem Interesse ist, zu einer Angelegenheit unter Privatleuten zu machen?

Aerne und die PK Phoenix prüfen überdies Schadenersatzklagen in Millionenhöhe. Denn die PK Phoenix steht vor dem Aus. Sie ist an den Sicherheitsfonds BVG gelangt, die Auffangeinrichtung für angeschlagene Vorsorgeeinrichtungen. Die wird von den Vorsorgeversicherten finanziert und will allfällige Gelder zur Rettung der Phoenix-Kunden zurückhaben. »Deshalb muss der Sicherheitsfonds radikal vorgehen, detaillierte Abklärungen tätigen und wenn nötig auch klagen«, sagt Urs Eicher, Präsident von PK-Netz, das die Interessen der Arbeitnehmer im PK-Markt vertritt. »Der Sicherheitsfonds ist die letzte Instanz«, sagt Eicher. »Deshalb dürfen die Versicherten erwarten, dass er auch handelt.«

Und es sind die Phoenix-Kunden, die die Angriffe der Aargauer Aufsicht auf ihre Pensionskasse bezahlen. Die diversen Maßnahmen, Absetzungen und Untersuchungen haben massive Kosten verursacht. Sie werden der Pensionskasse angelastet, also den Versicherten. Diese werden nicht nur für dumm verkauft, sie sind auch noch zur Ohnmacht verdammt. »Es ist erschreckend, wie wenig die Versicherten machen können«, sagt Sozialversicherungsexperte Thomas Gächter, Rechtsprofessor an der Universität Zürich, Anfang 2022 gegenüber *SonntagsBlick* und SRF. »Verluste und Leistungskürzungen treffen sie direkt. Doch sie sind nicht berechtigt, die Verantwortlichen einzuklagen.« Und wenn die PK Phoenix vom Sicherheitsfond BVG gerettet werden muss, zahlen am Ende alle Vorsorgeversicherten in der Schweiz mit für diesen Skandal.

Betroffen von dem Anzeigendebakel sind aber auch die Steuerzahlerinnen und Steuerzahler gleich zweier Kantone. Weil die Staatsanwaltschaft des Kantons Thurgau für zuständig erklärt wurde, müssen die Thurgauer für die jahrelangen Ermittlungen aufkommen. Die Schwyzer gehören ebenfalls zu den Verlierern. Denn die jahrelangen juristischen Attacken ihrer Bank gegen Serge Aerne und die Phoenix-Stiftungsräte kosten das Finanzinstitut viel Geld, das mit dem Erfolg der Bank verrechnet wird. Keiner dieser Angriffe, unternommen von der Schwyzer Kantonalbank, war bis heute erfolgreich. Die Rechtskosten des Finanzinstituts gehen zulasten der Steuerzahlerinnen und Steuerzahler, denen die Bank zu 100 Prozent gehört. Die Schwyzer Kantonalbank wird sich Schadenersatzklagen und Anzeigen stellen müssen.

Allerdings könnte noch ein weiteres Problem auf die Bank zukommen. Auslöser ist auch in diesem Fall sie selbst, wie in den Akten des Thurgauer Staatsanwalts zu lesen ist. Sie hat Serge Aerne unter anderem wegen Erpressung angezeigt. Und zwar, weil er nach dem Ausbruch des Streits zwischen der PK Phoenix und dem Finanzinstitut im Oktober 2016 einen Bankrat der Schwyzer Kantonalbank getroffen hat. Der Bankrat berichtet später gegenüber dem

Staatsanwalt: »Daraufhin legte Serge Aerne mir eine Liste vor, die gemäss seinen Aussagen Kundendaten der SZKB enthält und ihm von einem Mitglied der Geschäftsleitung zugestellt worden sei. Er wies mich darauf hin, dass diese Kundenliste für die FINMA mit Sicherheit interessant wäre.« Diese Liste habe er nicht zu dem Gespräch mitgenommen, sagt Aerne. Und von einem Erpressungsversuch könne keine Rede sein.

Nach dem Gespräch erstattet die Schwyzer Kantonalbank noch im Oktober 2016 Anzeige gegen Aerne wegen Erpressung und eventueller Nötigung. Doch der Staatsanwalt kann mit diesem Vorwurf nichts anfangen. In der Einstellungsverfügung hält er fest, Aernes Vorgehen sei eine Reaktion auf den »beträchtlichen Druck«, den die Kantonalbank auf ihn ausgeübt hat. »Das (anzunehmende) Handlungsziel des Beschuldigten, über Gespräche zu einer aussergerichtlichen Einigung zu gelangen, um insbesondere sich selbst vor jedenfalls reputationsschädigenden und letztlich erfolglosen Zivil- und Strafklagen zu schützen, wäre jedenfalls kein zweckwidriger Vorteil, den er hätte erzielen wollen.«

Noch unangenehmer für die Kantonalbank ist folgende Feststellung des Staatsanwalts: »Sollte tatsächlich ein Mitglied der Schwyzer Kantonalbank dem Beschuldigten ohne Rechtsgrund eine Liste mit Kundendaten zugestellt haben, so wäre dies vor dem Hintergrund des Bankkundengeheimnisses zweifelsohne problematisch.« Denn die Herausgabe von Kundendaten durch eine Bank verletzt das Bankkundengeheimnis. Wenn die Finma von einem solch gravierenden Delikt erfährt, muss die Bank mit einer baldigen Kontaktaufnahme und massiven Konsequenzen rechnen.

Daraufhin ändert die Bank ihre Aussage gegenüber dem Staatsanwalt: »Die Schwyzer Kantonalbank hat mitteilen lassen, dass sie im Rahmen einer internen Prüfung habe feststellen können, dass von Mitgliedern der Geschäftsleitung in Tat und Wahrheit gar keine Kundenlisten an Aussenstehende verschickt worden seien. Vonseiten der Bank werde vermutet, dass der Beschuldigte die vorgelegte Liste fabriziert haben dürfte.«

Wenn diese Version nunmehr die Wahrheit sein soll, wird allerdings der Vorwurf der Erpressung hinfällig, wie der Staatsanwalt in seiner Verfügung notiert. Auch von versuchter Nötigung könne keine Rede sein. Denn eine solche setze ein Opfer voraus, dem ein fremder Wille aufgezwungen werden könne. Doch dazu taugt die Klägerin offenbar nicht: »Die Schwyzer Kantonalbank ist alles andere als ein ›besonders schutzwürdiges Tatopfer‹«, schreibt der Staatsanwalt.

Serge Aerne bleibt dabei: »Ich habe die Liste von der Schwyzer Kantonalbank erhalten. Ich habe aber nie jemanden damit erpresst.« Für die Finma heißt das: Sie muss aufgrund der Ausführungen des Thurgauer Staatsanwalts reagieren und der Sache auf den Grund gehen. Die Behörde schreibt auf Anfrage: »Grundsätzlich gilt: Hat die FINMA Hinweise auf mögliche Verletzungen von Aufsichtsrecht, so geht sie diesen nach und ergreift nötigenfalls Massnahmen.« Die Schwyzer Kantonalbank äußert sich dazu wie folgt: »Diese spekulativen Anschuldigungen sind falsch. Die SZKB weist sie zurück.«

Die Bank weicht auch nach den staatsanwaltlichen Feststellungen nicht von ihrer Position ab. August Benz, Kuno Kennels Nachfolger als Bankpräsident, sagt im Juni 2022 gegenüber der Zeitung *Bote der Urschweiz*: »Die SZKB hat nichts mit dem angeblichen Verlust der PK Phoenix zu tun.«

Die unbewiesenen Vorwürfe der Schwyzer Kantonalbank haben schwere Folgen für Serge Aerne und seine Familie. »Das hätte ich mir in meinen schlimmsten Träumen nicht ausmalen können«, sagt Aerne. »Es prasselte von allen Seiten auf uns herab. Die Angriffe kamen von überall, auch von Stellen, von denen ich es nie erwartet hätte.«

Im Hintergrund spielt eine weitere Bank eine interessante Rolle, die UBS. Sie hat beste Beziehungen zur Schwyzer Kantonalbank, deren Präsident August Benz früher bei der UBS sein Geld verdient hat. Auch die neue Geschäftsführerin kommt von der Zürcher Großbank, wo sie die Betreuung der Firmenkunden geleitet hat. Die UBS unterhält aber auch intensive Beziehungen zur PK Phoenix. Sie ist nämlich für deren Vermögensverwaltung zuständig. Und sie ist Serge Aernes Hausbank, geschäftlich und privat. Dieses Geflecht hat schließlich Folgen für die Phoenix und Serge Aerne.

Denn nach der Publikation des großen Artikels in der *SonntagsZeitung* vom November 2019 stellt die UBS gegenüber Aerne den Verdacht der Geldwäscherei in den Raum, und im Sommer 2020 reicht sie Strafanzeige gegen ihn ein. Es ist ein gravierender Vorwurf – gestützt allein auf einen Zeitungsbericht, der Bezichtigungen gegen Aerne nach außen trägt, die aus dem Umfeld der Nova und der Schwyzer Kantonalbank stammen. Die UBS wendet sich an die Meldestelle für Geldwäscherei (MROS), die anschließend ein Verfahren gegen Serge Aerne einleitet. Die MROS untersucht diverse Konten und Tausende Transaktionen. Aber sie findet keine Hinweise, die den Verdacht bestätigen würden, so das Ergebnis ihrer Untersuchungen.

Ungeachtet dieser Beurteilung kündigt die UBS anschließend Konten, Depots, Kreditkarten und Hypotheken von Serge Aerne ohne Angabe von Gründen. Selbst das Sparbuch eines seiner Kinder wird aufgelöst. Damit nicht genug, im Lauf der nächsten zwei Jahre nimmt die UBS auch Personen aus dem geschäftlichen Umfeld von Aerne ins Visier. Nicht nur deren Geschäftskonten, sondern auch diverse Privatkonten werden von der Bank gekündigt. Die UBS schreibt zu diesen Vorgängen, sie äußere sich grundsätzlich nicht zu möglichen oder tatsächlichen Kundenbeziehungen.

Dann beginnt es zu wuchern. Weitere Banken, Geschäftspartner und Kunden wenden sich von Aerne ab. Er muss Verwaltungsratsmandate und Beteiligungen an verschiedenen Firmen abgeben, weil diesen sonst Aufträge verweigert würden. Anwaltskanzleien von Unternehmen in seinem Umfeld legen ihre Mandate nieder. In den sozialen Medien wird Aerne als Abzocker und Lügner verunglimpft. Er erhält massenweise E-Mails, Whatsapp-Nachrichten und SMS, die ihn und seine Familie beleidigen und bedrohen. Daran kann auch das Verdikt des Staatsanwalts nichts mehr ändern.

Fünf Jahre sind vergangen, seit das anonyme Word-Dokument verfasst wurde. Das Schriftstück hat ein Desaster angerichtet, das in der Geschichte des Schweizer Vorsorgewesens einmalig ist. Außergewöhnlich ist der Fall auch mit Blick auf seine Wahrnehmung in der Öffentlichkeit. Die Opfer wurden erfolgreich zu Tätern stilisiert. Deshalb haben wir diese Geschichte neu erzählt – um der Hygiene des Schweizer Rechtsstaates willen. Und um zu zeigen, mit welcher Wucht die Finanzindustrie gegen diejenigen vorgeht, die das System infrage stellen.

Wie geht es weiter? »Wenn die Bank selbst sagt, sie habe eine beherrschende Stellung eingenommen, kann sich daraus eine gewisse Haftung ergeben«, sagt Rechtsprofessor Thomas Gächter gegenüber *SonntagsBlick* und SRF. »Sie hat ja nicht nur ein Finanzinvestment getätigt, sondern sich strategisch eingebracht. Das könnte ein Ansatz sein, die Bank mit in die Haftung zu ziehen. Im Pensionskassenwesen wäre das Neuland, aber in anderen Rechtsbereichen wird das bereits gemacht.«

Die Schwyzer Kantonalbank schreibt auf Anfrage: »Die SZKB weist eine mögliche Verantwortung für Deckungslücken bei der PK Phoenix weiterhin vehement zurück.« Sie kommt zu dem Schluss: »Wir halten fest, dass es keine hängige Untersuchung, Klage, Verfahren, weder zivil-, straf- noch aufsichtsrechtlich gegen die SZKB gibt.« Wir haben auch Kuno Kennel kontaktiert und ihm Fragen zu den geschilderten Ereignissen gestellt. Der ehemalige Bankpräsident will sich nicht zu den geschilderten Ereignissen äußern.

Der Ausflug der Schwyzer Kantonalbank in das Vorsorgewesen endet in einem Debakel. Die ganze Geschichte ist ein Skandal. Und sie wirft Fragen auf, die über den Einzelfall hinausgehen. Was hat die Finanzindustrie eigentlich in einem Sozialwerk zu suchen? Warum kann eine Bank derart ungehindert gegen missliebige Stiftungsräte vorgehen? Wenn Stiftungsräte für das Wohl der Versicherten verantwortlich sind, weshalb haben sie dann nichts zu melden? Warum lässt das System eine außer Rand und Band geratene Pensionskassenaufsicht jahrelang gewähren? Was bewegt die Politik dazu, dem Treiben mit einem Schulterzucken zuzuschauen? Und warum haben die Versicherten, um deren Geld sich alles dreht, zu all dem rein gar nichts zu sagen? Wie funktioniert dieses System, das sich auf Kosten der Versicherten selbst schützt? Wer gehört dazu? Wer profitiert? Und was wären denn die Alternativen?

Geburtsfehler: **Das BVG-Obligatorium von 1985**

Seit 1800 pflügt die Industrialisierung die gesellschaftlichen Strukturen um. Die soziale Frage rückt ins Zentrum der politischen Diskussionen, auch in der Schweiz. Die neuen Fabrikherren machen Gewinne – doch wer kümmert sich um die wachsende Arbeiterschicht? Gibt es faire Löhne? Geregelte Arbeitszeiten? Was passiert mit den Angestellten und ihren Familien, wenn sie sich verletzen, erkranken, sterben? Und wie kommen sie über die Runden, wenn sie zu alt zum Arbeiten sind? Wie soll um sie gesorgt sein, was ist mit ihrer Vorsorge?

In der Schweiz ist die Wirtschaft schneller als der Staat. Progressive Eisenbahnunternehmer und Fabrikanten gründen in der zweiten Hälfte des 19. Jahrhunderts die ersten größeren Betriebspensionskassen, die den Arbeitern eine kleine Rente sichern. Von einer staatlichen Vorsorge hingegen ist das Land noch weit entfernt. Ein paar Lehrer, Polizisten und Pfarrer finden in einer öffentlichen Kasse Unterschlupf. Doch um 1900 zählen die privaten Vorsorgeeinrichtungen mit insgesamt 50 000 Mitgliedern fünfmal so viele Versicherte wie die öffentlichen.

Einen Schub erfahren die Pensionskassen im Ersten Weltkrieg von 1914 bis 1918. Da sprudeln die Gewinne der Schweizer Maschinen-, Chemie- und Textilindustrie. Davon profitieren auch die Angestellten, deren Chefs Hilfskassen für sie einrichten, weil der Staat den Firmen dafür Steuervorteile gewährt. Hunderte neuer Vorsorgeeinrichtungen entstehen. »Der Krieg fördert den Fürsorgegedanken«, schreibt die *Neue Zürcher Zeitung*.

In den zwanziger Jahren holen die öffentlichen Einrichtungen auf. Bis 1925 sind zwei Drittel der Beamten an eine Vorsorgeeinrichtung angeschlossen. Rund die Hälfte von ihnen arbeitet bei den Schweizerischen Bundesbahnen (SBB) oder in der Bundesverwaltung. Ihre Renten sind doppelt so hoch wie diejenigen der Beschäftigten in der Privatwirtschaft; bescheiden sind sie indes allesamt. Und eine umfassende staatliche Altersvorsorge gibt es in der Schweiz noch nicht. 1931 lehnt das Volk die Alters- und Hinterlassenenversicherung (AHV) mit 60 Prozent Nein-Stimmen ab. Dafür nimmt die Zahl der Pensionskassen weiter zu: 1941 sind es bereits 4100. Sie versorgen 15 Prozent der Beschäftigten. Im Vorsorgetopf stecken mittlerweile drei Millionen Franken. Das sind 0,03 Prozent des Bruttoinlandprodukts (BIP).

Schon seit 1936 müssen die Pensionskassen sich als Stiftungen organisieren, um von Steuervorteilen zu profitieren. Mit dieser Trennung von Firmenvermögen und Vorsorgegeldern will der Staat verhindern, dass insolvenzgefährdete Unternehmen auf das Versichertenvermögen zurückgreifen können. Dass weiterhin regelmäßig Vorsorgegelder als Darlehen in die Firmenkassen zurückfließen, wird dadurch nicht verhindert. Trotzdem entwickeln sich die Pensionskassen zum zentralen Pfeiler der Alterssicherung in der Schweiz, auch als 1948 endlich die staatliche AHV eingeführt wird. Mitte der sechziger Jahre gibt es bereits 1,3 Millionen Pensionskassenversicherte; das sind 43 Prozent der Angestellten. Am Ende dieses Jahrzehnts verwalten die Schweizer Pensionskassen insgesamt 32 Milliarden Franken, also 30 Prozent des BIP.

Im Jahr 1969 wird das aufgebaute System fundamental infrage gestellt. Die Partei der Arbeit (PdA) lanciert die »Initiative für eine wirkliche Volkspension«. Sie fordert eine staatliche Altersversicherung, die 60 Prozent des Einkommens als Rente ausschüttet. Das Anliegen kommt nicht von ungefähr: In den sechziger Jahren verzeichnet kaum ein anderes Land in Europa weniger Sozialausgaben als die Schweiz. »Die Höhe der Renten steht kaum noch im Verhältnis zu der bis heute erlebten Explosion der Lebenskosten«, schreibt die *Schweizer Illustrierte* und verweist auf die Bundesverfassung, die den Staat verpflichtet, die Wohlfahrt seiner Bürger zu fördern: »Bürger sind auch alte Menschen!«

Die Autoren der Initiative warnen vor dem zunehmenden Einfluss der Versicherungen und Banken in den Pensionskassen. Der Basler PdA-Großrat Robert Krebs sagt: Wenn die Finanzbranche weiterhin die Vorsorgevermögen verwalte, bestehe die Gefahr, »dass sie mit diesen Geldern das Geschäft des Jahrhunderts macht«. Eine neue Super-AHV wäre zweifellos ein herber Rückschlag für die Finanzbranche, die in der Tat schon gutes Geld mit der beruflichen Vorsorge verdient. Mehr noch, die Volkspension wäre das Ende der Pensionskassen in der Schweiz.

Banken und Versicherungen blasen zum Gegenangriff. Jetzt sei »eine geballte bürgerliche Kraft« nötig, verkündet auch der Arbeitgeberverband, und zwar »wie im Bürgerkrieg 1847«. Auch der Bundesrat reagiert auf die PdA-Initiative – mit einem Gegenvorschlag, der ganz im Sinn der Finanzbranche verfasst ist. Die Landesregierung will nämlich das bestehende System weiterentwickeln und auf drei feste Säulen stellen: AHV, berufliche Vorsorge und Selbstvorsorge.

Wie die AHV sollen auch die Pensionskassen obligatorisch werden. Die staatliche Versicherung soll die Existenz sichern, die betriebliche Vorsorge »die gewohnte Lebenshaltung in angemessener Weise ermöglichen«. Treibende Kraft der Drei-Säulen-Formel ist der sozialdemokratische Innenminister Hans-Peter Tschudi, der wie kein anderer Magistrat die Schweizer Vorsorgelandschaft prägt. Die Volkspension sei nicht zu finanzieren, warnt Tschudi: »Die Initiative hängt in der Luft, während der Gegenvorschlag auf seriösen Berechnungen beruht.«

Die bürgerlichen Parteien gehen noch einen Schritt weiter und versprechen, das Drei-Säulen-Modell garantiere den Angestellten geringere Prämien und höhere Renten als die Volkspension. Der St. Galler FDP-Nationalrat Paul Bürgi wirft sich gegen den Vorwurf in die Bresche, die Versicherungen und Banken würden die Vorsorgeversicherten ausnehmen. Sein Argument ist bemerkenswert: »Die Wirtschaft braucht doch dieses Geld!« Die *Neue Zürcher Zeitung* lehnt die »kommunistische« und »kapitalfeindliche« Volkspension ebenfalls ab, geißelt die »dogmatische Verketzerung« der Finanzbranche und macht sich für den Gegenvorschlag stark: »Die schweizerische Alterssicherung wird damit einen Stand an der Spitze der westlichen Länder erreichen.«

Auch die Sozialdemokraten und die Arbeitnehmervertreter stellen sich hinter die Landesregierung. Bundesrat Tschudi tritt im Herbst 1972 – kurz vor der Volksabstimmung – auf dem Kongress des Schweizerischen Gewerkschaftsbundes (SGB) in St. Gallen auf und verspricht den Arbeitnehmern, dass sie bei einer Annahme des bundesrätlichen Gegenvorschlags künftig gleichberechtigt über Wohl und Wehe der Vorsorgegelder mitentscheiden würden. Diese Mitbestimmung sei »allgemein und damit auch bei der Vermögensanlage gewährleistet«. Denn die Versicherten bekämen mindestens so viele Vertreter im leitenden Organ ihrer Pensionskasse wie die Arbeitgeber. Der SGB-Kongress bestätigt das und verweist die letzten renitenten Genossen, die ihre Befürchtung äußern, das Pensionskassenobligatorium werde zu einer Profitquelle der Finanzindustrie auf Kosten der Versicherten. So etwas passiere auf keinen Fall, hält die abschließende Kongressresolution fest.

Das Volk lässt sich von der geballten Allianz von Finanzbranche, Bürgerlichen, Sozialdemokraten und Gewerkschaften überzeugen. Im Dezember 1972 lehnt es die Initiative mit großer Mehrheit ab. 83 Prozent sagen Nein zur Volkspension; das Drei-Säulen-Modell gewinnt. Damit ist klar, neben einer minimalen staatlichen Existenzsicherung durch die AHV spielt die private Vorsorge auch künftig eine zentrale Rolle in der Schweiz. Mitte der siebziger Jahre gibt es über 10 000 Pensionskassen mit 1,4 Millionen Versicherten. Das sind 45 Prozent der Beschäftigten.

Doch nicht alle Versicherten sind in gut ausgebauten Kassen. Und nicht alle Kassen decken Alter, Invalidität und Tod ab. Hinzu kommt, dass das Abstimmungsresultat von 1972 noch längst nicht umgesetzt ist. Erst 1975 veröffentlicht der Bundesrat seine Botschaft zum Bundesgesetz über die berufliche Alters-, Hinterlassenen- und Invalidenvorsorge (BVG). 1977 stimmt der Nationalrat dann dem Gesetzesentwurf zu. Drei weitere Jahre ziehen ins Land, bis der Ständerat darüber diskutiert und einen Gegenentwurf formuliert.

Das dauert alles so lange, weil viele Parlamentarier von Pensionskassen keine Ahnung haben. CVP-Mann Markus Kündig, Präsident der ständerätlichen Kommission, berichtet im Rückblick auf diese Zeit: »Kein Kommissionsmitglied wusste viel über die Altersvorsorge. Die meisten hatten eine gewisse Ahnung über die AHV, aber nur wenig Wissen über Pensionskassen.« Mit der Folge, dass sich die Vorsorgeexperten im Bundeshaus die Klinke in die Hand geben, weil die Abgeordneten mit der Materie überfordert sind. Das führt mitunter zu heftigen Auseinandersetzungen. Ein Pensionskassenfachmann bricht nach einem hitzigen Streit mit einem Nationalrat auf dem Bundesplatz zusammen und stirbt kurz darauf.

Einig ist sich die Mehrheit der Parlamentarier darin, dass das Gesetz so locker wie möglich formuliert sein muss. Markus Kündig begründet das später so: »Die Offenheit des Gesetzes war gewollt. Das Anfangskapital war in den ersten Jahren nicht so groß, dass man von Anfang an sehr strenge und sehr differenzierte Regelungen einbauen musste. Man wollte zuerst einmal Erfahrungen sammeln.« Der ursprüngliche Entwurf des Bundesrats wird sukzessive eingedampft. SGB-Generalsekretär Fritz Leuthy bezeichnet das Kondensat 1981 als »Mini-Lösung«.

Diese tritt am 1. Januar 1985 – 13 Jahre nach der Abstimmung – schließlich in Kraft. Die Schweiz führt das Bundesgesetz über die berufliche Alters-, Hinterlassenen- und Invalidenvorsorge (BVG) ein. Artikel 6 hält dem Willen des Parlaments entsprechend fest, das Gesetz formuliere nur Mindestvorschriften. Insgesamt umfasst das BVG bei seinem Erlass 98 Bestimmungen. Der Versuch, ein komplexes Feld erstmals auf öffentlich-rechtlicher Basis griffig zu strukturieren, fällt ausgesprochen schlank aus.

Es klingt verführerisch einfach: 1985 besteht in der beruflichen Vorsorge bereits ein über hundert Jahre alter Markt mit mittlerweile 18 000 öffentlichen und privaten Pensionskassen, die bereits drei von vier Beschäftigten betreuen. An diese Strukturen schließt der Gesetzgeber jetzt an und definiert einige zentrale Mindestleistungen für Alter, Invalidität und Todesfall. Dazu gehören der BVG-Umwandlungssatz, den das Parlament 1985 auf 7,2 Prozent festlegt, und der BVG-Mindestzins auf das obligatorische Altersguthaben, den der Bundesrat definiert; 1985 hält er 4 Prozent für angebracht. Die Kassen wiederum können über das gesetzlich vorgegebene Minimum hinausgehen und überobligatorische Leistungen anbieten. Die Vorsorgeeinrichtungen sind frei in ihrer Organisation und Finanzierung.

Bei diesen Regelungen solle es die Politik auch bewenden lassen, mahnt Alfred Mühlemann, Direktor der Patria-Lebensversicherungsgesellschaft, kurz nach der Einführung des BVG: »Die Kritiker des BVG arbeiten unbewusst (oder bewusst?) auf weitergehende Vorschriften und damit Einengung der noch freien Gestaltungsmöglichkeiten in der Personalvorsorge hin. Sind weitere Schritte hin zum Etatismus in der Sozialpolitik erwünscht? Wir wagen dies zu bezweifeln.« Was Mühlemann damit sagen will: Die Branche weiß schon, wie der Hase läuft – der Markt funktioniert.

Doch mit dem BVG-Obligatorium greift der Staat in diesen Markt ein. Er verpflichtet mit einem Schlag sämtliche Angestellten in der Schweiz zur Einzahlung in die zweite Säule. Die *Berner Zeitung* erklärt das ihren Lesern im Januar 1985 so: »Konnten früher die Frauen und Männer weitgehend nach eigenem Gutdünken sparen und über dieses Geld verfügen, so wird jetzt das Zwangssparen immer wichtiger.«

Die neuen Zwangssparer können allerdings nicht selbst entscheiden, wohin ihre Ersparnisse fließen. Sie dürfen ihre Pensionskasse nicht selbst wählen. Im ursprünglichen Entwurf des Bundesrates war noch die freie Pensionskassenwahl für alle Versicherten vorgesehen. Doch dieser Passus wurde im Parlament gestrichen. Damit fehlt dem Pensionskassenwesen ein zentrales marktwirtschaftliches Prinzip, nämlich das der Konkurrenz. Und mit dem Umwandlungssatz schreibt der Staat den Versicherten auch noch vor, welche Leistung sie erhalten sollen. Die »Offenheit des Gesetzes«, die der Parlamentsmehrheit so wichtig ist, gilt nur für die Anbieter, nicht für die Versicherten. Nur die Anbieter haben weiterhin »freie Gestaltungsmöglichkeiten«, wie es Versicherungsdirektor Mühlemann formuliert. Die Versicherten hingegen sperrt das BVG durch das Obligatorium in einen Markt ein, der ihnen zentrale marktwirtschaftliche Freiheiten vorenthält.

Damit verpasst der Gesetzgeber dem Pensionskassensystem Zwänge, die mit freier Marktwirtschaft nichts zu tun haben. Er verbietet freien Wettbewerb, freie Preisbildung und Konsumfreiheit. Trotzdem behandelt er dieses von ihm gerahmte Universum wie einen freien Markt – und überlässt es sich selbst. Ausdruck dieser Haltung ist nicht nur die Knappheit der BVG-Verordnung von 1985: Im Gegensatz zur staatswirtschaftlichen Altersvorsorge AHV wollen Bundesrat und Parlament den BVG-Markt eben nur minimal reglementieren.

Ein zentrales Argument für die Minilösung zeigt der Verweis auf die damals aktuellen Marktverhältnisse: 1985 verwalten die Schweizer Pensionskassen 150 Milliarden Franken und damit 55 Prozent des BIP. Das wirkt noch ziemlich überschaubar. Aber natürlich wissen die Politiker genau, in welche Richtung das neue Obligatorium diese Zahlen treiben wird. Und so trägt der Gesetzgeber den Geist des aufziehenden Neoliberalismus in die Sozialwerke und entscheidet sich für eine Pensionskassenarchitektur, die sich selbst kontrollieren und überwachen soll. Zwang für die Versicherten, Freiheit für die Anbieter – diesen Geburtsfehler ist das System bis heute nicht losgeworden.

Das BVG hält fest: Pensionskassen müssen als Stiftungen oder Genossenschaften geführt werden, um die Unabhängigkeit des Vorsorgevermögens von den Unternehmen zu gewährleisten. In der Realität hat sich die Rechtsform der Stiftung durchgesetzt. Eine Geschäftsführung übernimmt die operativen Tätigkeiten und kümmert sich gemeinsam mit einer Anlagekommission um das Anlegen der Vorsorgegelder. Ein Pensionskassenexperte und eine Revisionsstelle überprüfen regelmäßig die Bücher. Doch das oberste Organ der Pensionskasse ist der Stiftungsrat. Und für diesen gilt der Grundsatz der Parität: Er setzt sich je hälftig aus Arbeitgeber- und Arbeitnehmervertretern zusammen.

Das Stiftungsvermögen ist durch das Gesetz an den Zweck der Stiftung gebunden, der im Fall von Pensionskassen die Vorsorge ihrer Versicherten ist. Das Gesetz schreibt vor, dass Gewinne zurück ins Stiftungsvermögen fließen müssen. Dafür sollen die Arbeitgeber und die Arbeitnehmer gemeinsam geradestehen. Denn das BVG hält fest, dass der Stiftungsrat als oberstes Organ einer Pensionskasse die volle Verantwortung für ihr Wohl trägt und persönlich für das Stiftungsvermögen haftet.

An diesen zentralen BVG-Sätzen von 1985 hat sich bis heute nichts geändert. Doch die gegenseitige Kontrolle von Arbeitgebern und Angestellten ist schon 1985 eine Illusion. Gegenüber dem Schweizer Fernsehen sagt ein Arbeitnehmervertreter im Rückblick auf seine Zeit als Stiftungsrat: »Einmal im Jahr an die Bahnhofstrasse, und wenn der Bankvertreter Erfreuliches erzählt hat, dann hieß es: Lächeln. Und wenn er Unerfreuliches erzählt hat, dann haben wir alle grimmig dreingeschaut. Und dann nichts wie rüber in den Zeughauskeller zum Zmittag. Das war mein Jahr als PK-Stiftungsrat einer Zürcher Brauerei.«

Ob der Stiftungsrat der Brauerei 2022 die Materie besser verstehen würde, ist zu bezweifeln: Aus den 98 Bestimmun-

Betriebspensionskasse

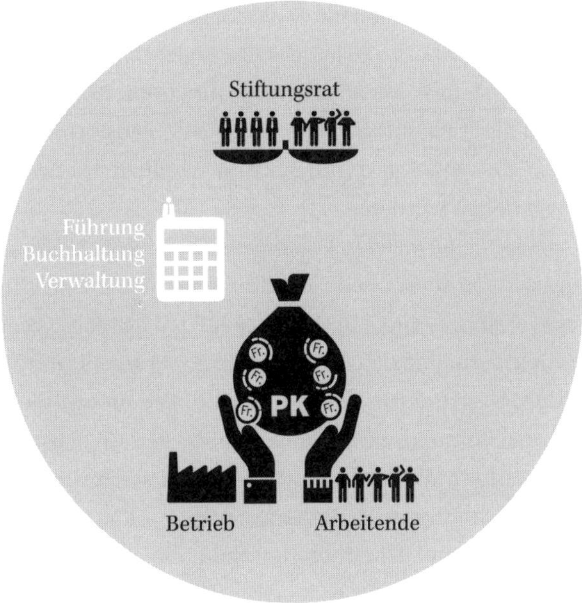

gen des Bundesgesetzes über die berufliche Alters-, Hinterlassenen- und Invalidenvorsorge von 1985 sind mittlerweile mehrere Hundert Vorschriften geworden. Jedes Jahr kommen neue hinzu. Und die BVG-Verordnung ist auf 2000 Seiten angewachsen. Mit Ausnahme von einigen wenigen Sachverständigen durchdringt das niemand mehr.

Dabei sind all diese Bestimmungen lediglich Flickwerk, weil bis heute niemand am zentralen Problem rüttelt: Auch mit einer 2000-seitigen Verordnung behandelt der Staat das Pensionskassenwesen in seinem Kern immer noch wie einen freien Markt, obwohl es das nicht ist. Er tut so, als ob sich dieser Markt im Grunde selbst regle. Und hält an der Illusion fest, dass das alles bestens funktioniere, weil paritätisch besetzte Stiftungsräte als oberste Pensionskassenorgane das Vorsorgevermögen zum Wohle der Versicherten verwalten würden.

1985 sind die meisten Vorsorgewerke noch Betriebspensionskassen. Zusammen verwalten sie 150 Milliarden Vorsorgevermögen, die 55 Prozent des BIP entsprechen. Doch das Geld vermehrt sich rasant. Bis 2022 werden es 1200 Milliarden. Das sind 160 Prozent des BIP. Die Anlage dieser riesigen Summen wird immer komplexer, die Last auf den Schultern der Verantwortungsträger steigt. Und das sind 2022 immer noch die Stiftungsräte – Laien aus der Arbeitgeber- und Arbeitnehmerschaft, die die komplizierten Mechanismen der weltweiten Kapitalmärkte kaum durchschauen. Doch sie haften für das Vermögen der Stiftungen.

Daran ändert sich nichts, als seit der Jahrtausendwende ein weiterer Faktor hinzu kommt, der den Stiftungsräten faktisch jede Macht nimmt: das Modell der Gemeinschafts- und Sammelstiftungen, an die jeweils zwischen einem Dutzend und mehreren Hundert Firmen angeschlossen sind. Eine noch überschaubare Zahl von Sammelstiftungen gab es bereits in den achtziger Jahren. Branchen und Verbände boten das Modell ihren Mitgliedern an. Doch gegen Ende der neunziger Jahre ersetzen immer mehr Sammelstiftungen die Betriebspensionskassen.

Selbstverwaltete Sammelstiftung

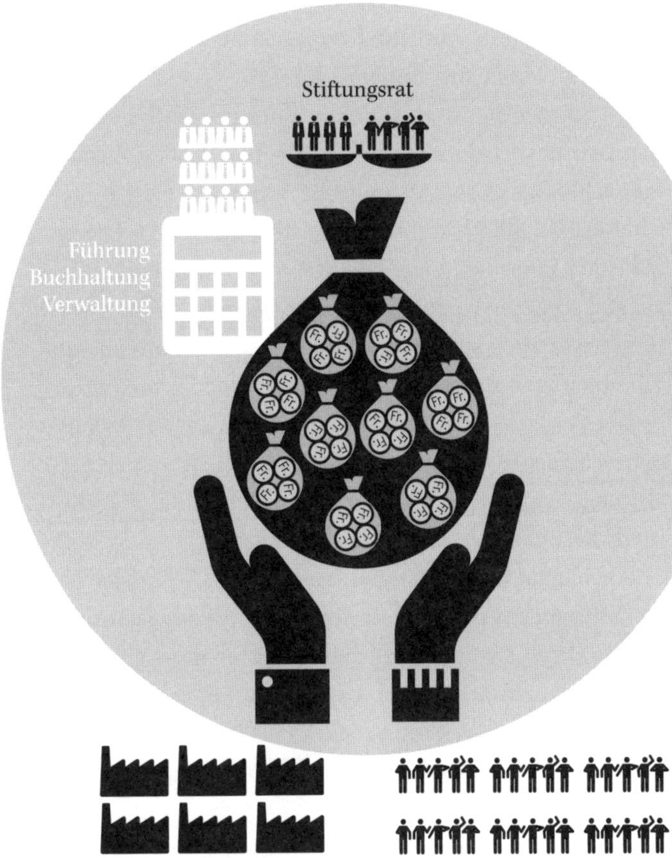

Die Firmen sehen darin einen großen Vorteil: Sie schließen ihre Pensionskassen mit anderen unter dem Dach einer Gemeinschafts- oder Sammelstiftung zusammen und können sich ganz auf ihr Kerngeschäft konzentrieren. Allerdings leidet der Einfluss der Arbeitgeber und der Arbeitnehmer darunter, denn die Stiftungsräte der einzelnen Betriebspensionskassen werden bei solchen Zusammenschlüssen aufgelöst und durch einen einzigen Stiftungsrat für die gesamte Sammelstiftung ersetzt. Dieser trifft nun Entscheidungen, die viel mehr Versicherte und ein viel größeres Vorsorgevermögen betreffen. Verantwortung und Druck steigen, wenn plötzlich Milliarden statt Millionen verwaltet werden. Im August 2000 schreibt der *Beobachter* unter dem Titel »Laien bestimmen über Milliardenvermögen«: »Nur gerade ein Drittel der Arbeitnehmerstiftungsräte fühlt sich kompetent – dies ist das alarmierende Resultat einer *Beobachter*-Umfrage.«

Auch in diesen selbstverwalteten Sammelstiftungen ist der Stiftungsrat das oberste Organ der Vorsorgeeinrichtung und kann seine rechtlichen Pflichten den Versicherten und dem Stiftungsvermögen gegenüber erfüllen. Die Gewinne müssen weiterhin zurück ins Stiftungsvermögen fließen, das auch hier dem Zweck der Altersvorsorge dienen muss.

Doch seit Ende der Nullerjahre beginnen immer mehr Finanzunternehmen, Sammelstiftungen zu gründen, die sie anschließend auch verwalten. Dafür erheben sie Gebühren zulasten der Versicherten. Die Gebühren werden unabhängig davon fällig, wie gut oder schlecht das Geld verwaltet und angelegt wird. Und weil eine solche Sammel-

Fremdverwaltete Sammelstiftung

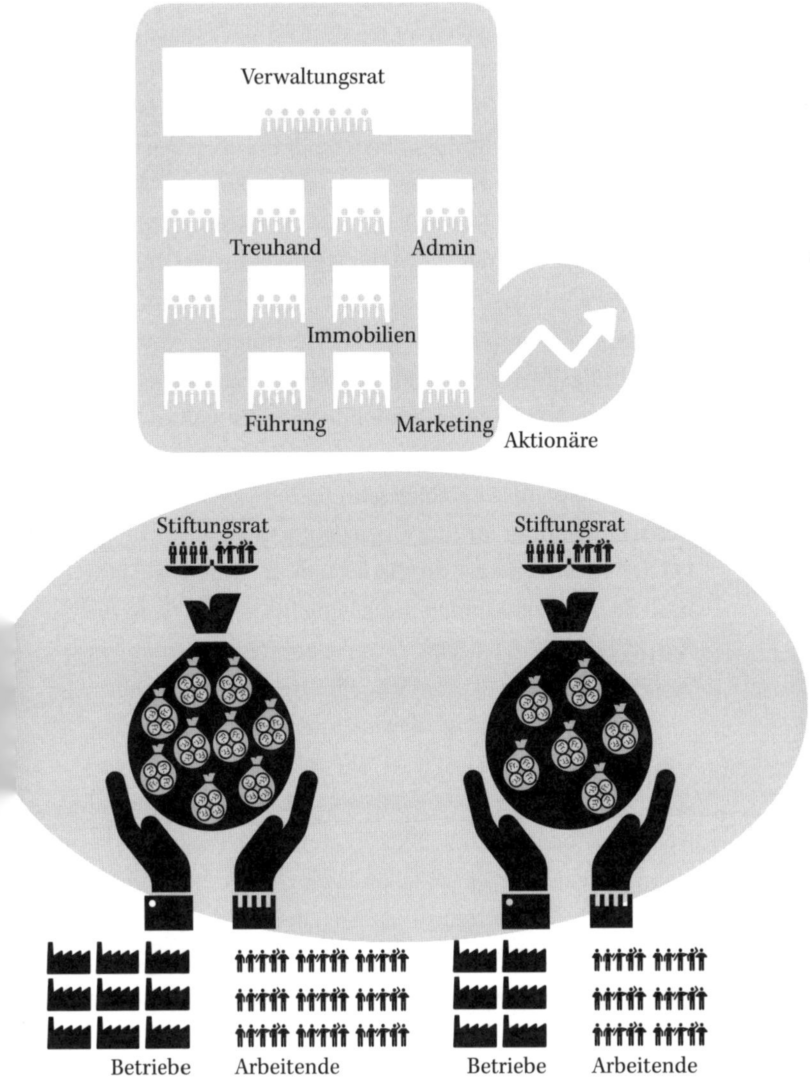

stiftung fremdverwaltet ist, müssen die so erzielten Gewinne nicht in das zweckgebundene Stiftungskapital zurückfließen. Sie gehen an die Besitzer der Finanzunternehmen.

Die Finanzindustrie bleibt aber nicht bei der fremdverwalteten Sammelstiftung stehen, sondern entwickelt rasch eine gewinnoptimierte Variante – die Vorsorge-Holding, die gleich mehrere Sammelstiftungen kontrolliert. Mit diesen Dachkonstrukten stülpt die Finanzindustrie den Vorsorgeeinrichtungen ein Modell über, das in anderen Wirtschaftsbereichen längst etabliert ist: Holdings vereinen Verwaltungsfirmen und weitere Gefäße wie Anlagefonds, Marketing, Makler- und Immobiliengesellschaften unter ihrem Dach und versorgen damit Sammelstiftungen, die sie kontrollieren. Die Dachgesellschaften kassieren immer höhere Gebühren für ihre Dienstleistungen, die aus dem Versichertenvermögen in die Kassen der Holding-Aktionäre fließen. Die Kunden merken nichts davon, denn die Konstrukte werden immer intransparenter. Nur noch Eingeweihte wissen, wer an welcher Stelle wie viel verdient.

Solche Konstrukte werden nach der großen Finanzkrise von 2008 zum neuen Goldesel für Banken und Versicherungen. Diese haben in der Boomphase nach der Jahrtausendwende spekuliert, bis die Blase platzte. Nun reagieren die Notenbanken, die Zinsen fallen in den Keller. Den Finanzinstituten bricht ein zentrales Geschäft weg, sie sehen sich nach anderen Einnahmequellen um. Fündig werden sie im Pensionskassenmarkt, wo gerade eine Vorsorge-Holding namens Tellco AG für Aufsehen sorgt. Die Schwyzer Dachgesellschaft wächst Jahr für Jahr und spült ihren Eigentümern immer größere Gewinne in die Kassen. Da wollen die Banker mitspielen.

Die Gemeinschafts- und Sammelstiftungen, um die sich der neue Vorsorge-Hype dreht, werden immer größer. Sie verdrängen Schritt für Schritt die Vollversicherungen, die den Pensionskassen eine Rundumversorgung anbieten und dafür satte Prämien kassieren – aber auch sämtliche Risiken tragen und die Renten garantieren. 1985 offerierten in der Schweiz 24 Vollversicherer dieses Sorglospaket. Sie dominierten ein Vierteljahrhundert lang den Markt. Doch 2010 ist bereits jeder zweite Versicherte bei einer Gemeinschafts- oder Sammelstiftung. Ein Vollversicherer nach dem anderen verabschiedet sich aus dem Geschäft.

2019 wirft schließlich der AXA-Konzern den Bettel hin, der mit 40 000 Unternehmen und 260 000 Versicherten ein Drittel des Vollversicherungsmarkts beherrscht hat. »Ein Donnerschlag in der beruflichen Vorsorge«, titelt die *Neue Zürcher Zeitung*. Die AXA setzt nun ebenfalls auf Sammelstiftungen. »So können wir im Bereich der beruflichen Vorsorge wieder wachsen«, sagt CEO Fabrizio Petrillo. Den Kunden stellt er mit der Umstellung »höhere Renten zu einem günstigeren Preis« in Aussicht. Im Jahr 2022 gibt es nur noch fünf Vollversicherer in der Schweiz, Swiss Life, Bâloise, Helvetia, Allianz Suisse und PAX. Die Hälfte dieses Markts gehört dem Riesen Swiss Life. Zusammen betreuen die fünf Anbieter noch 120 000 Unternehmen mit insgesamt einer Million Versicherten. Das entspricht einem Viertel aller Vorsorgeversicherten in der Schweiz.

Die anderen drei Viertel sind heute fast ausnahmslos einer Gemeinschafts- oder Sammelstiftung angeschlossen.

Fast jedes KMU in der Schweiz parkiert mittlerweile das Geld seiner Mitarbeiter bei einer Sammelstiftung.

Doch auch wenn die BVG-Vorschriften mittlerweile in die Hunderte gehen und die entsprechende Verordnung 2000 Seiten umfasst – Sammelstiftungen existieren im Gesetz praktisch nicht. Ein Apparat, der das Milliardenvermögen von 75 Prozent der Vorsorgeversicherten in der Schweiz kontrolliert, ist rechtlich kaum erfasst. So ist aus dem Pensionskassenwesen ein riesiger Spielplatz für die Finanzindustrie geworden mit all den »freien Gestaltungsmöglichkeiten«, die Patria-Direktor Alfred Mühlemann bei der Einführung des BVG-Obligatoriums 1985 gefordert hat.

Anders sieht es heute für die Vollversicherer aus, die unter dem wachsamen Auge der Finanzmarktaufsicht Finma stehen und regelmäßig mit neuen Auflagen konfrontiert werden. Im Gegensatz zu Sammelstiftungen müssen sie risikoarm anlegen, denn sie dürfen nicht in Unterdeckung geraten. So schaukeln sie sich mit 5 Prozent Aktienanteil in ihren Portfolios durch das Tiefzinstal, während die Sammelstiftungen mit über 30 Prozent Aktien obenhinaus schwingen. Mit der Folge, dass die Vollversicherer ihre Prämien erhöhen und zusehen müssen, wie die Sammelstiftungen mit immer tieferen Angeboten neue Kunden anlocken.

Um jeden Versicherten wird erbittert gekämpft. Die Sammelstiftungen überbieten sich mit Prämiensenkungen. Denn nur wer wächst, kann in diesem Milliardengeschäft überleben. Auch der Konzentrationsprozess läuft. Zwischen 2014 und 2021 ist die Zahl der Vorsorgeeinrichtungen um ein Viertel zurückgegangen. In derselben Zeit ist das

Sinkende Anzahl Pensionskassen

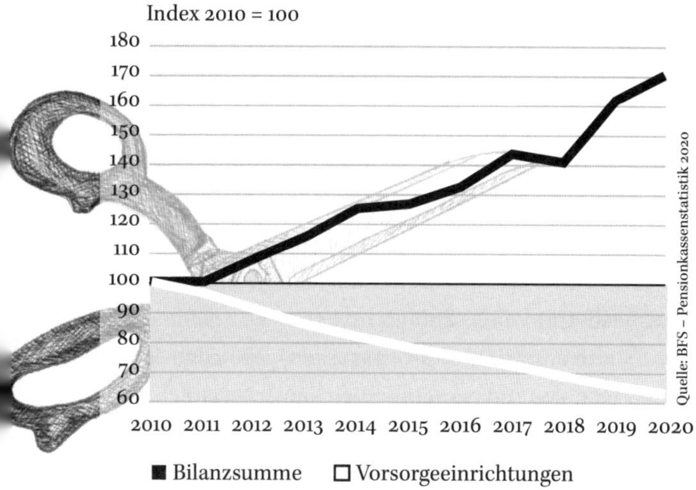

Vorsorgevermögen von 800 auf 1200 Milliarden angewachsen. Ein Zahlenvergleich mit dem Jahr 1985 zeigt die Wucht dieses Prozesses noch deutlicher: Im Jahr 1985 verwalteten 18 000 Pensionskassen ein Vorsorgevermögen von insgesamt 150 Milliarden Franken. Das sind 8,3 Millionen Franken pro Pensionskasse. Im Jahr 2022 betreuen 1400 Vorsorgeeinrichtungen zusammen 1200 Milliarden. Das sind 857 Millionen Franken pro Vorsorgeeinrichtung. Die 150 größten Vorsorgeeinrichtungen in der Schweiz verwalten 800 Milliarden Franken – das sind zwei Drittel der zweiten Säule.

Und mittendrin in diesem Prozess sitzen die Stiftungsräte, die gemäß BVG immer noch die volle Verantwortung tragen und persönlich für das Vermögen der Versicherten haften. Tatsächlich haben sie das Ruder längst aus der Hand gegeben. Die Finanzexperten sagen, wo es langgeht. Sie schöpfen jedes Jahr mehr aus dem Versichertenvermögen ab und überlassen die Haftung den überforderten Stiftungsräten, die sich viermal jährlich zu ihren Sitzungen mit anschließendem Abendessen versammeln.

Was würde der Bierbrauer aus dem Jahr 1985 dazu sagen? Vielleicht würde ihn interessieren, was denn aus den guten alten Betriebspensionskassen geworden ist. Auf ihnen baut das BVG ja schließlich auf. Tatsächlich bilden die Post, die SBB und ein paar große Konzerne noch eigene Pensionskassen. Doch damit hat es sich. Die Zeit der Betriebspensionskassen ist vorbei. Dieses BVG-Fundament von 1985 existiert nicht mehr. Die Strukturen, die nun die Pensionskassen beherrschen, hat das BVG bis heute nicht erfasst – und das bei einem Tausend-Milliarden-Markt.

Geblieben ist das kollektive Zwangssparen, die Pflicht für die Versicherten, immer mehr Geld in einen Markt zu pumpen, der längst nicht mehr zu ihrem Wohl funktioniert. Dagegen wehren können sie sich nicht. Oder wie es *WOZ Die Wochenzeitung* 1984 mit Blick auf das kommende BVG-Obligatorium formuliert hat: »Die Mitglieder der Pensionskassen zahlen, und für einmal hat nichts zu befehlen, wer zahlt.« Noch weitsichtiger wirkt im Rückblick die *National-Zeitung*, die Vorgängerin der *Basler Zeitung*. Sie warnte nach der Abstimmung von 1972: »Es wird in der 2. Säule ein gigantischer bürokratischer Stab von Beratern, Vermittlern,

Börsenjongleuren, Treuhändern, Immobilienverwaltern und Werbeleuten aufgebaut.«

Die beiden Zeitungen sollten recht behalten. Das Schweizer Pensionskassensystem ist auf Kosten der Versicherten zu einem staatlich verordneten Mittelzufluss für die Finanzindustrie geworden. Die Versicherten sehen von den Milliardengewinnen der Finanzbranche nichts. Aber sie müssen für die Verluste aufkommen.

Verhältnis Vorsorgevermögen zum BIP

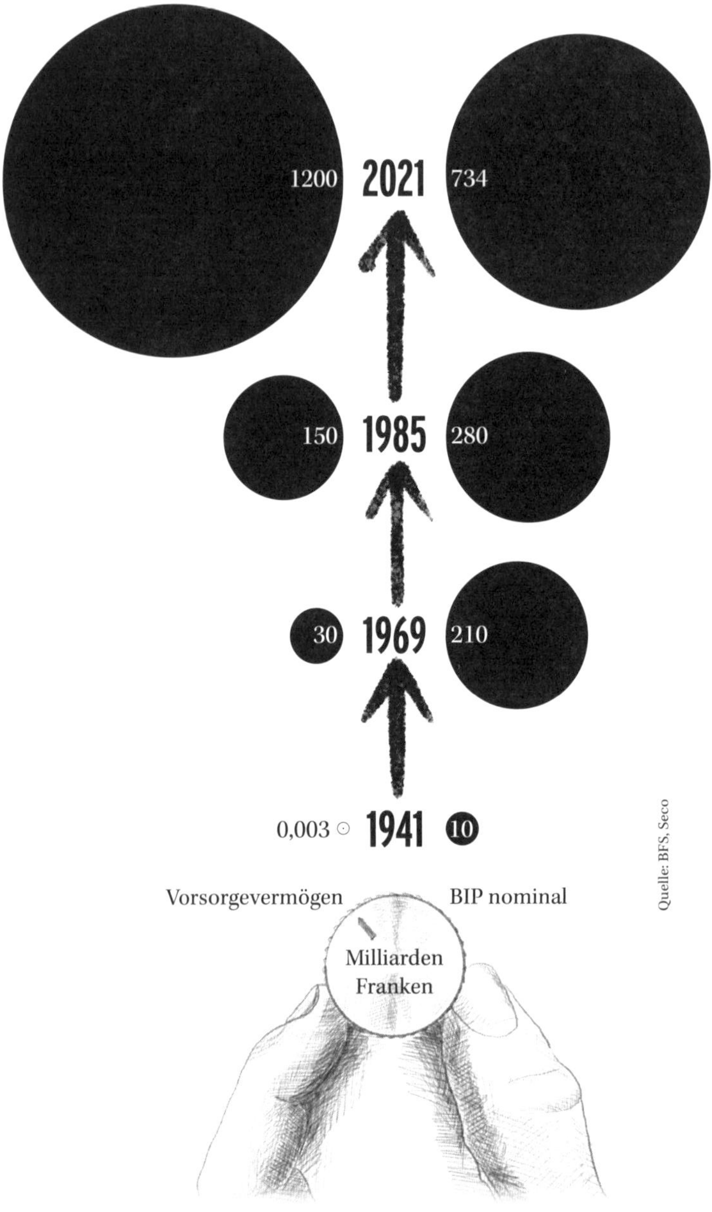

Kostenschub: **Die Finanzindustrie drängt in den Pensionskassenmarkt**

Im Zweiten Weltkrieg verwalteten die Schweizer Pensionskassen einen Betrag, der 0,03 Prozent des Bruttoinlandprodukts (BIP) entsprach. Bis Ende der sechziger Jahre stieg dieser Anteil auf 30 Prozent. Bei der Einführung des BVG-Obligatoriums 1985 lag er bei 55 Prozent. Heute sind es 160 Prozent des BIP. 1400 Pensionskassen betreuen 1200 Milliarden Franken Vorsorgevermögen von 4,4 Millionen Versicherten.

Dieses gigantische Sparschwein wird von Jahr zu Jahr größer. Trotzdem wirft es immer weniger für die Versicherten ab. Viele von ihnen müssen sich mittlerweile mit dem gesetzlich vorgeschriebenen Minimalzins von 1 Prozent auf ihr Alterskapital begnügen. Die Sache entwickelt sich zum Nachteil der Versicherten, deren Wohl allerdings gemäß BVG im Zentrum des beruflichen Vorsorgesystems stehen sollte. Warum arbeitet das System gegen die Versicherten?

Geldregen: **Die Tellco-Holding erfindet den Gebührenapparat**

Jahrzehntelang gibt es im Schweizer Pensionskassenwesen eine klare Trennung: Ein Betrieb gründet eine Vorsorgeeinrichtung, die sich ein Treuhandbüro oder eine Verwaltungsfirma zur Betreuung der Versichertengelder sucht. Wenn die Pensionskasse mit den Leistungen der Verwalterin unzufrieden ist, kündigt der Stiftungsrat den Vertrag und beauftragt eine andere Verwaltungsfirma mit der Betreuung. Dieser Mechanismus stärkt die Stiftungsräte und schützt die Versicherten. Er sorgt dafür, dass bei der Verwaltung der Gelder Qualität zum Wohl der Versicherten Priorität hat. Die Verwaltungsfirmen müssen ihren Job im Sinne der Pensionskassen erledigen, sonst verlieren sie den Auftrag.

Doch warum sollte eine Pensionskassenverwalterin im harten Wettbewerb mit anderen um Pensionskassen kämpfen müssen, wenn sie eine Vorsorgeeinrichtung auch so zu kontrollieren vermag, dass diese ihr faktisch gar nicht mehr kündigen kann? Es eröffnen sich für die Verwaltungsfirma ganz neue Möglichkeiten, wenn sich die Machtverhältnisse umkehren ließen und nicht mehr die Pensionskasse über Art und Dauer des Vertragsverhältnisses bestimmt, sondern die Verwalterin.

Als Erster kommt der renommierte Wirtschaftsprofessor und BVG-Experte Carl Helbling in den neunziger Jahren auf diese Idee. Er ist zu der Zeit Stiftungsratspräsident der altehrwürdigen Gemini-Sammelstiftung. 1998 gründet er die Gemini Personalvorsorge AG. Dann erwirbt er die Gründerrechte der Sammelstiftung und führt sie der Kontrolle durch die Gemini Personalvorsorge AG zu. Ebenfalls beteiligt ist der damalige Geschäftsführer der Swisscanto Vorsorge AG, die im Auftrag der Gemini Personalvorsorge Gelder der Gemini-Sammelstiftung betreut. Helbling und sein Partner kontrollieren die Pensionskasse, deren Stiftungsräte sie in Eigenregie bestellen, und die Personalvorsorge AG, welche die Vorsorgeeinrichtung kontrolliert. Das Konstrukt ist personell derart verstrickt, dass zwei Männer fortan praktisch nach Belieben mit dem Vermögen der Versicherten verfahren können.

Helblings Sammelstiftung startet durch und wächst rasant. Mitte der Nullerjahre verwaltet die Gemini Personalvorsorge zwei Milliarden Franken von 400 Firmen mit 15 000 Angestellten. Ein einträgliches Geschäft für die beiden Besitzer, die die volle Kontrolle haben – sowohl über die Verwalterin als auch über die Pensionskasse. Die Gemini Personalvorsorge hat keine Angestellten und bezahlt keine Löhne. Sie besteht nur aus Helbling und seinem Partner, die die eigentliche Administrationsarbeit an die Swisscanto Vorsorge unter Helblings Partner, dem Swisscanto-Geschäftsführer, übertragen.

In diesem System gibt es keine Gewaltenteilung. Niemand überwacht die Geldflüsse, die die beiden BVG-Koryphäen lenken. Sie können agieren, als ob die Pensionskasse ihre Privatangelegenheit wäre, und das nutzen sie aus. Sie schicken jedes Jahr Entschädigungen und Abgeltungen in der Höhe von einer Million Franken auf direktem Weg in die Kasse ihrer Personalvorsorge AG – Geld, das nach Gesetz den Versicherten der Sammelstiftung zusteht. Zuständig für die Überwachung von Sammelstiftungen ist damals das Bundesamt für Sozialversicherungen (BSV). Doch die Beamten in Bern, die das verschachtelte Konstrukt selbst bewilligt haben, wissen nicht, was Helbling und sein Partner tun.

Der Schwindel fliegt erst Anfang 2007 auf, weil Helbling und sein Partner ihre Firma verkaufen wollen, und zwar an die Swisscanto Vorsorge, deren Geschäftsführer Helblings Partner ist. 46 Millionen Franken verlangen die beiden für ihr Konstrukt. Doch der Mutterkonzern Swisscanto, ein Zusammenschluss mehrerer Kantonalbanken, prüft die Firma genau und stellt fest, dass deren Erträge den Versicherten zustehen. »Die Personen hätten gar nicht im Besitz des Geldes sein sollen«, teilt Swisscanto einer erstaunten Öffentlichkeit über Helbling und seinen Partner mit und wendet sich schließlich an das BSV. Erst jetzt beginnt sich das Amt für den Schlamassel zu interessieren. Helblings Partner wird von Swisscanto umgehend gefeuert, ein paar Monate später tritt auch Helbling ab. Der Ruf der beiden Männer ist ruiniert. Und kritische Stimmen fragen zu Recht, ob es sich wirklich um Einzelfälle handelt.

Der Fall wirft zwar hohe Wellen, doch die Karawane zieht weiter. Schlimmer noch, Gemini wird zu einem Muster in der Schweizer Pensionskassenlandschaft. Finanzdienstleister bringen Pensionskassen unter ihre Kontrolle oder gründen sie gleich selbst, um so viel Geld wie möglich aus dem Versichertenvermögen zu pressen. Sie degradieren die Stiftungsräte zu Marionetten, die zwar die Verantwortung tragen, aber nichts zu melden haben. Niemand stört die Finanzunternehmen dabei, denn die Pensionskassenaufsicht ist schwach.

Die Verwalter der Schweizer Vorsorgegelder verdienen auf diese Weise immer mehr. Das geht unkompliziert vonstatten. Sie erhöhen einfach schrittweise die Gebühren für Administration, Vermögensverwaltung, Marketing, Vermittlung und weitere Dienstleistungen für die Pensionskassen. Jedes Jahr nehmen Banken, Versicherungen und andere Finanzdienstleister mehr davon ein, ohne jeden Widerstand. Denn die Operation ist schmerzlos, die Versicherten spüren nichts. Die Gebühren tauchen auf keinem Pensionskassenausweis auf.

Treiber dieser Entwicklung sind Versicherungen, Großbanken, Kantonalbanken und andere Finanzunternehmen. Der Pensionskassenmarkt gibt ihnen mit den fremdverwalteten Sammelstiftungen ein Instrument in die Hand, das sich als lukrativer Gebührengenerator nutzen lässt. Wie das geht, haben sich die großen Akteure von einer Schwyzer Firma abgeschaut, die seit zwanzig Jahren wächst und wächst. Ihr Geheimnis ist das Modell der Vorsorge-Holding.

Der Unternehmer Serge Aerne kennt diese Firma. 2009 wird er ihr Direktor. Bei der Tellco AG erhält Aerne Einblick in ein völlig neues System. »Dass es ein Geschäftsmann wie Hans Düring mit großen Konzernen wie Swiss Life oder AXA aufnimmt, hat mir gefallen«, sagt Aerne. »Mir ist allerdings rasch aufgefallen, dass sich alles um die Vermehrung des Pensionskassenvermögens drehte, und zwar unabhängig von den Interessen der Kunden. Es ging ausschließlich darum, hohe Vermögensverwaltungsgebühren zu generieren. Dass gleichzeitig die Erträge tief waren, spielte keine Rolle.«

Ein Jahr lang macht sich Aerne mit dem Tellco-System vertraut und lernt die zentralen Mechanismen kennen. Er spielt selbst keine große Rolle; sein Gestaltungsspielraum ist begrenzt. »Ich war zwar der Direktor«, sagt Aerne. »Doch ich wurde regelmäßig überstimmt oder erst gar nicht informiert. Denn es gibt nur einen Chef in dieser Firma. Ihr Gründer Hans Düring fällt alle wichtigen Entscheidungen im Alleingang.«

Das ist so, obwohl Hans Düring offiziell nicht einmal ein Mandat bei der PK Pro hat. Der Schwyzer Geschäftsmann muss hinter den Kulissen arbeiten. Er hat zur Jahrtausendwende eine Kasse namens PK Plus gegründet, die vier Millionen Franken Vorsorgekapital betreute. Doch schon 2002 geht die PK Plus bankrott. Der BVG-Sicherheitsfonds, der von den Schweizer Versicherten alimentiert wird, muss für den Schaden aufkommen.

Düring nimmt einen neuen Anlauf. Noch im selben Jahr gründet er in Schwyz die Pensionskasse PK Pro, zusammen mit dem Schwyzer CVP-Kantonsrat Reto Wehrli, der ein Jahr später in den Nationalrat gewählt wird. Der bekannte Politiker soll dem Unterfangen die nötige Glaubwürdigkeit verleihen. Er übernimmt das Amt des Stiftungspräsidenten. Düring agiert im Hintergrund. Sein Partner Wehrli bezeichnet ihn 2007 gegenüber der Zeitung *Blick* als »Reputationsrisiko«. Doch Düring ist Mehrheitsaktionär und gibt bis heute den Ton an.

Die PK Pro ist in den letzten zwanzig Jahren massiv gewachsen. Mit 80 000 Kunden und über drei Milliarden Franken Vorsorgekapital gehört die Sammelstiftung mittlerweile zu den großen Akteuren im Pensionskassenmarkt.

Für Düring und Wehrli ist sie ein Riesengeschäft. Denn sie ist in die intransparente Tellco-Holding eingebettet – das Vorbild für mehr als hundert solche Dachgesellschaften, die mittlerweile den Schweizer Pensionskassenmarkt dominieren. Auch die großen Versicherungen betreiben solche Konstrukte.

Ihre Methode ist einfach: Sie gründen eine Sammelstiftung und bauen um sie herum weitere Gesellschaften wie Verwaltungsfirmen, Anlagegefäße, Broker und Immobiliengesellschaften. Die Verwaltungsstellen holen bei den Versicherten Gebühren für die Buchhaltung ab. Für die Broker gibt es Provisionen fürs Vermitteln neuer Kunden. Die Anlagegefäße kassieren für das Investieren des Vorsorgekapitals Gelder. Die Immobiliengesellschaften kriegen Geld für das Bauen und Betreiben der Liegenschaften, in die die Anlagegefäße das Vorsorgekapital leiten. All das fließt unter dem Dach der Holding zusammen und beschert deren Besitzern – nicht den Versicherten – satte Gewinne.

Bei der PK Pro heißt das im Jahr 2020 gemäß Geschäftsbericht: 9,3 Millionen Franken für Verwaltungsaufwand und Geschäftsführung, 8 Millionen für Marketing, 6,7 Millionen für die Broker. Das Case Management erhält 4,3 Millionen. Die Honorare für die Immobilienbewirtschaftung kosten die Versicherten der PK Pro 5,4 Millionen. Die Vermögensverwaltung und die Depotstelle kassieren 38,2 Millionen. Mit über 1 Prozent sind die totalen Vermögensverwaltungskosten der PK Pro im Jahr 2020 doppelt so hoch wie der Schweizer Durchschnitt.

Der Großteil dieser und weiterer Gebühren geht an die Tellco-Holding, die zu 84 Prozent Hans Düring und zu

10 Prozent Reto Wehrli gehört, und an Unternehmen, an denen die beiden beteiligt sind. Dafür kriegen die Kunden der PK Pro 1 Prozent Zins auf ihr Alterskapital – das gesetzlich vorgeschriebene Minimum. Und das im Jahr der Börsenrekorde 2020. Doch was schlecht für die Versicherten ist, ist gut für die Verwalterin: Die Tellco-Holding macht in diesem Jahr 14 Millionen Franken Gewinn. Von dem Geld sehen die Versicherten nichts. Es fließt in die Taschen von Düring und Wehrli – genau wie die 17 Millionen Franken, die ihre Holding im Jahr zuvor eingenommen hat. Sie bezahlten sich auch 2018, als ihre Pensionskasse zum Schaden der Versicherten sogar in Unterdeckung geriet, insgesamt 14 Millionen aus.

Aldo Ferrari ist Sozialversicherungsexperte der Gewerkschaft Unia. Er sagt Anfang 2022 gegenüber SRF und *SonntagsBlick*: »Solche Modelle nützen den Finanzdienstleistern, aber sie schaden den Versicherten. Sie töten das Vertrauen in die zweite Säule.« Das sieht auch die Berner GLP-Nationalrätin Melanie Mettler so: »Wenn die Vorsorgeeinrichtungen vergessen, dass sie ein Sozialwerk verwalten, haben wir ein Problem. Auf der anderen Seite stehen nämlich Jugendliche, die um ihre Rente fürchten. Mit diesem Vertrauensverlust untergraben die Anbieter ihre eigene Geschäftsgrundlage.«

Dass Hans Düring und Reto Wehrli die eigenen Interessen offensichtlich über diejenigen der Versicherten stellen, zeigt auch der Fall des Rentnerwerks der ehemaligen Alu Menziken. 1897 gegründet, ist die Firma ein Jahrhundert lang stolze Vertreterin der Aargauer Schwerindustrie. 1998 stellt sie das schwerste Alugussstück der Welt her. Es wiegt über sieben Tonnen und landet im Guinness-Buch der Rekorde. Doch um die Jahrtausendwende beginnt es im Unternehmen zu kriseln. Die Firma stößt mehrere Geschäftsbereiche ab. 2007 verkauft die Eigentümerfamilie Gautschi das Traditionshaus an ein großes Industriekonglomerat.

Für die Gemeinde Menziken im strukturschwachen Aargauer Hinterland ist der Niedergang ihrer Aluminiumfirma ein harter Schlag, für die Mitarbeiter ist er eine Tragödie. Schlimm ist der Fall der Alu Menziken aber auch für die ehemaligen Angestellten, die in Pension sind. Denn während aktive Vorsorgeversicherte in der Regel ohne Probleme Anschluss an ein neues Vorsorgewerk finden, sind Versicherte im Rentenalter nur schwer zu vermitteln; sie werden ja nicht mehr in die Kassen einzahlen.

2015 erreicht die PK Profaro, die unter anderem den Rentnerbestand der Alu Menziken betreut, ein Übernahmeangebot der PK Pro, der heutigen Tellco PK. Diese betreut mittlerweile 55 000 Versicherte. Jetzt sollen die 1600 Versicherten der PK Profaro dazukommen. Die Abschlussverhandlungen finden im Rahmen einer außerordentlichen Stiftungsratssitzung der PK Profaro im Juni 2015 statt. Zu Beginn sind nur die Profaro-Vertreter anwesend. Ein Pensionskassenexperte teilt den Stiftungsräten mit, er sei überrascht über die Offerte der PK Pro. Für ihn sei die »treibende Kraft« dahinter unklar. Das Protokoll hält weiter fest: »Die Überraschung über das Fusionsangebot war auch groß, weil die PK Pro keine neuen Daten der PK Profaro erhalten hat. Es wurden keine neuen Daten weitergegeben.«

Doch die Daten scheinen die »treibende Kraft« hinter der PK Pro nicht zu interessieren. Um 18 Uhr betritt Hans Düring zusammen mit dem Vertriebsleiter der Tellco AG und einem Pensionskassenexperten der PK Pro den Raum. Die Versicherten selbst sind gemäß Protokoll nicht vertreten, denn es sind keine Stiftungsräte anwesend. Offensichtlich stehen hier nicht die Interessen der Pensionskasse und ihrer Versicherten, sondern die der Tellco-Holding im Zentrum. Und die will neue Kunden, wie Hans Düring gleich nach seiner Ankunft klar macht: »Das Ziel der PK Pro ist Wachstum.«

Ob das die betroffenen Versicherten auch so sehen? Die Frage ist nicht ohne Belang, denn gemäß BVG muss das Wohl der Versicherten stets im Zentrum stehen. Doch ist das der Fall, wenn Wachstum Verluste auf ihre Kosten bedeutet? Genau damit nämlich müssen die bestehenden Kunden der PK Pro rechnen, wenn ihre Kasse die Profaro-Rentnerinnen und -Rentner übernimmt. Das Protokoll vom Juni 2015 hält denn auch fest: »Die PK Pro rechnet bei einer Fusion mit einem Finanzierungsbedarf von 8 Mio. CHF.«

Den Bedarf finanzieren müssen die Versicherten der PK Pro. Die Tellco-Verantwortlichen sind trotzdem erpicht darauf, die Profaro-Rentnerinnen und -Rentner zu übernehmen, weil sie mit ihnen Gewinne machen, wie dem Sitzungsprotokoll zu entnehmen ist. Die Fusion führe nämlich zu »gesteigerten Vermögensverwaltungserträgen«, bekennt Hans Düring auf der Sitzung frank und frei. Das ist der springende Punkt: Die neu eintretenden Rentnerinnen und Rentner zahlen zwar nichts mehr in die Pensionskasse ein und sind deshalb für die anderen Versicherten eine Belastung. Für die Tellco AG aber sind sie ein Gewinn, weil ihr Geld verwaltet werden muss und die daraus resultierenden Erträge in die Kasse der Holding fließen. Die Versicherten sehen nicht nur nichts davon, im Gegenteil, sie müssen die Erträge zusätzlich zu den acht Millionen Kosten finanzieren. Der Gewinn der Holding ist ihr Verlust.

Peter Hoffmann, der Stiftungsratspräsident der PK Pro, tritt erst in Aktion, als die Übernahme der PK Profaro in trockenen Tüchern ist. Der Vorsitzende des obersten Organs der Pensionskasse, das für das Wohl der Versicherten verantwortlich ist, muss diesen nun die Vorzüge der Integration des verlustträchtigen Rentnerbestands erklären. »Durch die Fusion profitieren beide Seiten von Synergien, positiven Skalen-Effekten und verbesserten technischen Grundlagen. Diese stellen langfristig die Altersguthaben und die anwartschaftlichen und laufenden Vorsorgeleistungen sicher.« Außerdem sei die Verwaltungsstelle der PK Pro äußerst effizient, fügt Hoffmann in seiner Stellungnahme hinzu. Das PR-Statement wird geschluckt. Die Sache ist erledigt. Kein Widerstand gegen die Übernahme regt sich.

Es bleiben als letzte Hürde noch die Aufsichtsbehörden. Doch um sie machen sich die Verantwortlichen keine Sorgen: »Die Bewilligung dürfte nur Formsache sein«, steht im Übernahmeprotokoll vom Juni 2015. Genau so ist es. Die Behörden haben an dem Deal nichts auszusetzen. Sie winken ihn, ohne mit der Wimper zu zucken, durch.

Warum lassen sich die Versicherten der PK Pro diese Aktion widerspruchslos gefallen? Die Kasse betreut vor allem Temporärarbeiter, die wenig Alterskapital angespart haben und häufig gar nicht mehr in der Schweiz leben. Die

Fluktuation ist enorm: Im Jahr 2020 sind 76 283 Versicherte in diese Pensionskasse eingetreten und 75 482 haben sie verlassen. Die PK Pro wechselt folglich in einem Jahr praktisch den gesamten Kundenbestand aus. Wer soll da widersprechen?

Wir haben die Tellco AG kontaktiert und ihr Fragen zu den geschilderten Ereignissen gestellt. Das Unternehmen hat darauf nicht reagiert.

Das Beispiel der Tellco-Holding hat Schule gemacht. Über hundert solche Dachgesellschaften machen heute mit Sammelstiftungen Kasse auf Kosten der Versicherten. Der Kanton Schwyz, der mit der Tellco die Erfinderin der Vorsorge-Holding hervorgebracht hat, ist mittlerweile zu einem Mekka der Sammelstiftungen geworden. Nicht weiter überraschend ist also, dass auch deren Verband seinen Sitz in Schwyz hat.

An solche Konstrukte hat 1985 niemand gedacht. Da waren aber auch die meisten Vorsorgeeinrichtungen noch Betriebspensionskassen. Sammelstiftungen werden im BVG von 1985 mit keinem Wort erwähnt. Erstaunlich ist aber, dass sich daran trotz Hunderter neuer Vorschriften bis heute nichts geändert hat. Ein bedeutender Teil der Finanzindustrie macht sein Geld im Pensionskassenmarkt also mit Einrichtungen, die regulatorisch kaum erfasst sind.

Der zentrale BVG-Grundsatz lautet: »Der Stiftungsrat ist das oberste Organ einer Pensionskasse.« Doch Zeugnisse wie das Protokoll zur Übernahme des Rentnerbestands der Alu Menziken zeigen in aller Deutlichkeit, wer tatsächlich das Sagen hat. An dieser entscheidenden Sitzung im Juni 2015 ist kein einziger Stiftungsrat der PK Pro anwesend.

Hans Düring, der Tellco-Vertriebsleiter und ein Pensionskassenexperte besiegeln den Deal im Alleingang. Die Stiftungsräte nicken das Geschäft erst nachträglich ab und veröffentlichen eine Erklärung, die allfällige Bedenken von Beobachtern und Versicherten zerstreuen soll.

Dieser Wandel im Machtgefüge der Schweizer Pensionskassen kam schleichend, ist aber gravierend. Gegen den Willen der Finanzunternehmen geschieht in solchen Firmenkonstrukten nichts mehr. Die Stiftungsräte können offensichtlich nicht anders, als den Vorgaben aus der Zentrale zu gehorchen. Das ist umso mehr der Fall, als die Holdings auch die Geschäftsführer der Pensionskassen einsetzen und entlohnen. Sie sind dadurch ausschließlich den Interessen der Dachgesellschaften verpflichtet. Die Stiftungsräte haben keinen Einfluss mehr auf die Verwaltung ihrer Pensionskassen.

Für die Versicherten aber ist entscheidend, wie ihr Vorsorgegeld verwaltet wird. Legt die Pensionskasse das von den Versicherten mit monatlichen BVG-Beiträgen angesparte Vorsorgevermögen möglichst rentabel an, resultiert daraus eine hohe Rendite. Mit den erzielten Kapitalgewinnen begleicht die Pensionskasse alle Kosten, die nicht durch die Beiträge der Versicherten finanziert sind. Dazu gehören der Aufbau der Wertschwankungsreserve und Pensionierungsverluste. Rund 25 Prozent der Kapitalgewinne wendet die Pensionskasse üblicherweise dafür auf. Mit den restlichen rund 75 Prozent verzinst die Pensionskasse das individuell angesparte Vorsorgegeld der Versicherten und baut so deren Alterskapital auf. Aufgrund des Zinseszinseffektes ist dieses Alterskapital bei der Pensionierung im Idealfall höher als der Betrag, der mit den monatlichen BVG-Beiträgen angespart wurde.

In der obligatorischen beruflichen Vorsorge beginnt der Sparprozess im Alter von 25 Jahren und endet im Alter von 65 Jahren. Wir haben hochgerechnet, wie sich das Altersguthaben eines BVG-Versicherten in einer Pensionskasse über vierzig Jahre hinweg entwickelt. Die Berechnung basiert auf einem Angestellten mit einem versicherten Lohn von 60 945 Franken ohne Lohnerhöhungen. Das entspricht dem maximalen koordinierten BVG-Lohn. Die Altersgutschriften sind BVG-konform. Um den Einfluss der Verzinsung zu illustrieren, haben wir mit unterschiedlichen Verzinsungsannahmen gerechnet.

Die Resultate zeigen, welchen Einfluss die Verzinsung auf das Altersguthaben zum Zeitpunkt der Pensionierung hat, und machen den Effekt des Zinseszinses sichtbar: Mit 4 Prozent Zins werden dem Versicherten nach vierzig Jahren 324 500 Franken als sogenannte Zinsgutschrift auf seinem Konto verbucht. Das ist mehr, als er mit den BVG-Beiträgen angespart hat. Sein Altersguthaben beträgt 636 000 Franken. Damit ist es doppelt so hoch wie der während vierzig Erwerbsjahren eingezahlte Betrag.

Mit einer Verzinsung von 1 Prozent beträgt die Zinsgutschrift bei der Pensionierung hingegen lediglich 55 200 Franken. Sein Altersguthaben beträgt 366 500 Franken. Das sind 269 500 Franken weniger auf dem Konto als bei einer Verzinsung mit 4 Prozent. Der Einfluss des Zinses auf das Altersguthaben ist also enorm. Deshalb ist für die Versicherten entscheidend, wie hoch die Rendite ist, die ihre Pensionskasse mit dem Vorsorgegeld erwirtschaftet.

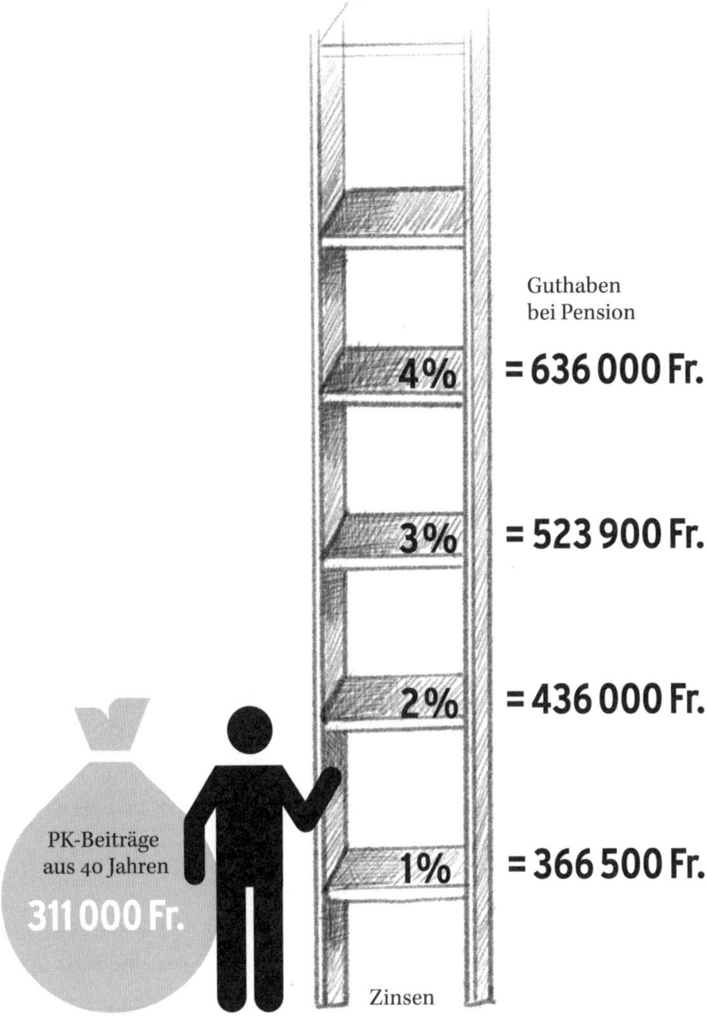
Guthaben
bei Pension
4 %
= 636 000 Fr.
3 %
= 523 900 Fr.
2 %
= 436 000 Fr.
1 %
= 366 500 Fr.
PK-Beiträge
aus 40 Jahren
311 000 Fr.
Zinsen

Doch darauf haben die Versicherten keinen Einfluss. Die Finanzindustrie sagt, wo es langgeht. Genau, wie es die *National-Zeitung* schon 1972 prophezeit hat: »Es wird in der 2. Säule ein gigantischer bürokratischer Stab von Beratern, Vermittlern, Börsenjongleuren, Treuhändern, Immobilienverwaltern und Werbeleuten aufgebaut.« Dieser Stab schöpft jedes Jahr mehr Geld aus dem Versichertenvermögen ab. Die meisten Versicherten haben keine Vorstellung davon, wie er das tut. Denn sie haben keinen Einblick in das Röhrensystem, in dem ihr Geld zirkuliert.

Abgeschottet: **Das Alterskapital in den Röhren der Geldhäuser**

Die meisten Vorsorgeversicherten wissen nicht, was mit ihren monatlichen Lohnbeiträgen geschieht. Wo fließt das Geld hin? Wer betreut es? Auf welchem Konto liegt es? In welcher Bank? Wie wird es angelegt? Wie viel steckt in Aktien, Obligationen oder Immobilien? Sind auch Wertpapiere von Ölfirmen oder Waffenhändlern im Korb? Sogar am Finanzmarkt Interessierte, die selbst Aktien besitzen und täglich die Börsenkurse studieren, haben oft keine Ahnung, wo ihr eigenes Pensionskassengeld steckt und was damit gemacht wird.

Dabei stellt dieses Geld für die meisten Menschen in der Schweiz den Großteil ihres Vermögens dar. Ihr BVG-Konto übersteigt ihr Sparkonto um ein Mehrfaches. Angesichts der Hintergründe ist es verblüffend, dass viele Versicherte davon ausgehen, das Geld sei in guten Händen, weil sich ja der Staat darum kümmere. Das tut er nicht. Der Staat kümmert sich um die AHV. In der beruflichen Vorsorge hingegen setzt er lediglich die Rahmenbedingungen, um dann der Finanzindustrie das Feld zu überlassen.

Das ist das Verzwickte am Vorsorgesystem: Der Staat definiert die Richtlinien. Als Gesetzgeber gewährt er den Anbietern alle Freiheiten, die sie sich wünschen. Auf der anderen Seite zwingt er die Versicherten mit aller Autorität zur Einzahlung, ohne dass sie ihre Pensionskasse selbst wählen oder diese gar, wenn sie Unfug treibt, verklagen dürfen. Das vom Staat etablierte System läuft voll und ganz zulasten der Versicherten.

Eine solche staatliche Intervention ist auch die Schaffung von Anlagestiftungen. Sie sind ein Schweizer Unikum, vom Bund ausschließlich für Pensionskassen ins Leben gerufen, damit diese ihr Vorsorgegeld auch unabhängig von Banken und Versicherungen anlegen können. Heute verwalten 67 Anlagestiftungen rund 15 Prozent des hiesigen Vorsorgevermögens. Allerdings sind sie nicht etwa unabhängig von Banken und Versicherungen, sondern vielmehr in deren Besitz. Credit Suisse, UBS, J. Safra Sarasin und Swisscanto haben Anlagestiftungen, Swiss Life, AXA, Bâloise, Allianz Suisse, Helvetia, Winterthur und Zurich ebenfalls.

Auch die Schwyzer Vorsorge-Holding Tellco hat eine Anlagestiftung, die sich unter demselben Dach wie ihre Sammelstiftung Tellco PK befindet. Diese Kombination ist lukrativ. Die gleichzeitige Kontrolle einer Sammelstiftung und einer Anlagestiftung ermöglicht es der Holding, das Versichertengeld in einen abgeschotteten Kreislauf zu pumpen, der für hohe Gewinne sorgt.

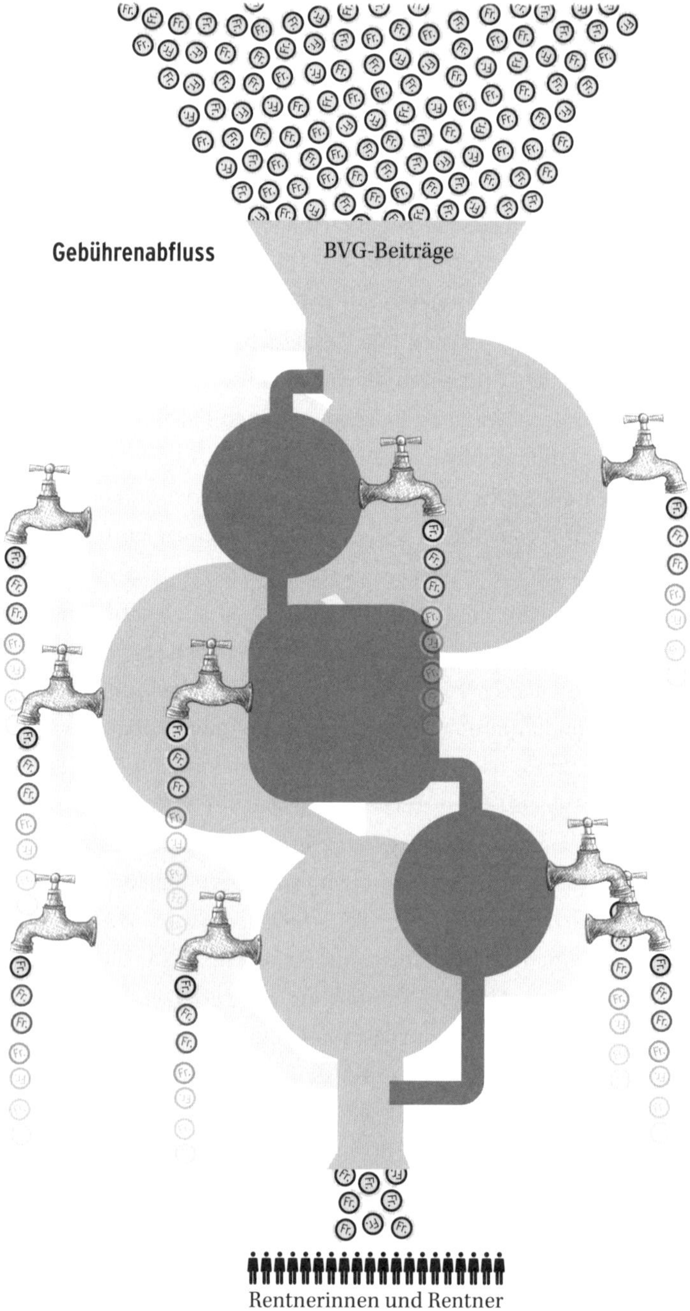
Gebührenabfluss
BVG-Beiträge
Rentnerinnen und Rentner

Die Konferenz der Geschäftsführer von Anlagestiftungen (KGAST) räumt die Gefahr möglicher Interessenkonflikte ein, verortet diese aber bei den Sammelstiftungen und nicht bei den eigenen Gremien: »Interessenskonflikte könnten vielleicht bei zu hohen Entschädigungen für die Geschäftsführung einer Anlagestiftung oder für die (Vermögens-)Verwaltung bestehen. Allerdings haben bei Anlagestiftungen sämtliche Anleger viel umfassendere Rechte als die Investoren von Anlagefonds.« Zudem bestimme bei einer Anlagestiftung ausschließlich der Stiftungsrat die Höhe der Gebühren: »Unsere Stiftungsräte bestehen zu rund 70 Prozent aus Anlegern von Vorsorge-Stiftungen und somit nicht aus Verwaltungsräten einer ›Vorsorge-AG‹ oder aus Assetmanagerinnen oder -managern.« Bei einer Sammelstiftung hingegen entscheide je nach Konstellation ein Ausschuss, ein Portfoliomanager oder ein Stiftungsrat. »Darum sind Interessenskonflikte auf Stufe der Sammelstiftungen zu analysieren und nicht bei den Anlagestiftungen.«

Fremdverwaltete Sammelstiftungen sind zu einem attraktiven Geschäft geworden. Insbesondere Versicherungen springen auf diesen Zug auf. Sie hatten zuvor jahrzehntelang eine Sonderstellung im Pensionskassenmarkt, weil nur sie das Vollversicherungsmodell angeboten haben. Ein Rundumangebot, das maximale Sicherheit garantiert – allerdings zu einem stattlichen Preis in Form hoher Prämien. Doch mit den sinkenden Zinsen und den zunehmenden Auflagen der Finanzmarktaufsicht ist dieses Modell massiv unter Druck gekommen. Im letzten Jahrzehnt hat sich eine Versicherung nach der anderen davon verabschiedet und den Wechsel von der Vollversicherung zur Sammelstiftung vollzogen, unter ihnen AXA, Allianz, Bâloise, Helvetia, Swiss Life, Winterthur und Zurich. Sie verknüpfen die Sammelstiftungen mit eigenen Anlagestiftungen. Auch Kantonal- und Großbanken kontrollieren Sammelstiftungen und Anlagestiftungen gleichzeitig.

Dieser radikale Umbau des Vorsorgesystems innerhalb von zwei Jahrzehnten ist gut für die Finanzdienstleister, weil sie damit viel Geld verdienen. Aber er ist schlecht für die Versicherten, weil es ihr Geld ist, sie darüber überhaupt keine Kontrolle mehr haben und im Zweifelsfall viel verlieren. Die Unternehmen haben kein Interesse daran, Einblick in diese Prozesse zu gewähren. Intransparenz ist ein zentrales Element des Schweizer Vorsorgesystems, das die Anbieter vor den Versicherten schützt. Das fängt damit an, dass Credit Suisse, Swisscanto, J. Safra Sarasin und AXA je zwei Anlagestiftungen haben, die UBS sogar drei. Innerhalb ihrer Anlagestiftungen bieten die Finanzunternehmen wiederum verschiedene Anlagegruppen an, die sie auch noch in Klassen untergliedern. So führt allein die Credit Suisse in ihren zwei Anlagestiftungen insgesamt 54 Anlagegruppen und 43 Anlageklassen auf. Die Credit Suisse sagt auf Anfrage zu diesem breiten Angebot: »Die Breite des Angebots ist das Ergebnis unterschiedlicher Kundenbedürfnisse, denen wir Rechnung tragen.«

Auf diese Weise werden unzählige Kombinationen möglich, das Versichertengeld anzulegen. Eine Folge ist, dass sich die diversen Varianten nicht mehr vergleichen lassen, nicht einmal von Experten. Wie soll da ein Stiftungsrat im Nebenamt herausfinden, welche Kombination eines Anbieters die beste für seine Pensionskasse ist? Wie soll er gar die diversen Angebote von mehreren Anbietern miteinander vergleichen? Er kann schlicht und einfach nicht überprüfen, ob das Geld der Versicherten klug und verantwortungsvoll angelegt wird oder nicht.

Aber wer überprüft es dann? Die Kontrolle der Anlagestiftungen ist Aufgabe der Pensionskassen-Oberaufsicht des Bundes. Sie muss die komplexen Prozesse und Geldflüsse überwachen, die diversen Anlagegruppen und Strategien, die Milliarden von Franken, die täglich bewegt werden. Das ist aber nur eine von vielen Pflichten der Oberaufsicht, die über lediglich 28 Vollzeitstellen verfügt. Allein die Größenverhältnisse zeigen, dass sie nicht im Geringsten in der Lage ist, die Anlagestiftungen zu kontrollieren.

Es ist notwendig, dass eine Behörde in Vertretung der Versicherten genau hinschaut. Die Versicherten selbst haben keinen Einblick in die Kreisläufe. Es sind zu viele Pipelines, in die auch noch diverse Abflussrohre eingebaut sind, die immer größere Teile dieser Gelder in die Kassen der Finanzunternehmen umleiten. Kein Versicherter weiß, wo das passiert und wer konkret wie viel Geld abschöpft. Das wissen nur die Tellco, die UBS, AXA, Swiss Life und die anderen Unternehmen, die solche Kreisläufe installieren.

Die 67 Anlagestiftungen in der Schweiz kontrollieren 15 Prozent des gesamten Vorsorgevermögens. Rund 180 Milliarden Franken – das ist viel. Doch wo ist der Rest? Er liegt bei den Vermögensverwaltungsabteilungen der Finanzunternehmen. Da finden sich mitunter dieselben Namen wie bei den Anlagestiftungen und eine Reihe weiterer Akteure. Nun, die Schweiz ist das Land der Vermögensverwalter. Sie zählt über 2000 von ihnen. Fünf davon gehören zu den 100 größten weltweit: UBS, Credit Suisse, Swiss Life Asset Management, Zurich Financial Services und die Pictet Gruppe.

Das Angebot ist riesig. Allein UBS und Credit Suisse bieten Hunderte verschiedener Anlagefonds an, zusammengestellt aus Aktien, Anleihen, Geldmarktpapieren, Währungen, Rohstoffen und Immobilien. Laut UBS entspreche dieses ausufernde Angebot dem Wunsch vieler Schweizer Vorsorgeeinrichtungen: »Der Zugang der Pensionskassen zu unserer Produktpalette erfolgt der Eignung und den regulatorischen Bestimmungen entsprechend. Eine große Zahl unserer bestehenden Angebotsstrukturen richtet sich somit auch speziell an diese Zielgruppe. Und deren Anforderungen sind sehr heterogen, was ein hoch ausdifferenziertes Produktangebot zur Folge hat.«

Die Zusammenstellung und aktive Bewirtschaftung dieser Fonds setzt Fachwissen, Erfahrung, Recherche und Analyse voraus. Das alles kostet viel Geld. Jeder Anleger weiß das. Doch nicht jeder Anleger kann sein Vermögen freiwillig verwalten lassen. Die Angestellten in der Schweiz sind zur Einzahlung in die Pensionskassen verpflichtet, aber sie können nicht entscheiden, wo und wie ihr Geld angelegt wird. Sie können auch keinen Kostenvergleich der Anlagegebühren machen. Selbst wenn sie wüssten, wie ihr Geld angelegt ist, könnten sie das kaum analysieren. Das liegt auch daran, dass dieses Geschäft so komplex und undurchsichtig gestaltet ist.

Die Zürcher Kantonalbank weist den Vorwurf der Intransparenz zurück: »Die relevanten Daten zu Rendite und Kosten weist die ZKB Kundinnen und Kunden gegenüber transparent aus und auch die Angaben zu Performance und Gebühren sind jederzeit öffentlich einsehbar.« Die UBS erklärt, dass insbesondere die heutige Informationsflut überfordern könne: »Inzwischen werden im Sinne der Transparenz sehr viele Daten offengelegt, was Anlegern den Überblick zuweilen auch erschweren kann.«

Auch die Tellco AG verfügt nicht nur über eine Anlagestiftung. Sie ist auch im Besitz einer Banklizenz und bietet den Pensionskassen über ihre Privatbank diverse weitere Anlagemöglichkeiten an. Fünf verschiedene Anlagestrategien, die sich im Aktienanteil unterscheiden, lassen sich mit sechs verschiedenen Anlagevehikeln kombinieren. Ob die Pensionskassen ihr Geld nun in der Tellco-Anlagestiftung oder bei der Tellco-Privatbank anlegen und egal, welche Variante sie wählen – die Holding gewinnt. Die Gebühren für die Vermögensverwaltung landen so oder so in ihrer Kasse.

Vermögensverwalter, die zur Entwicklung eigener Anlagevehikel berechtigt sind, bieten diese auch ihren Kunden an. Im Fall der Tellco ist das zum Beispiel der Investitionsfonds »Tellco AST Immobilien Schweiz« – und nicht etwa ein Immobilienfonds der Credit Suisse, auch wenn dieser möglicherweise eine bessere Rendite verspricht. Die Credit Suisse macht es wahrscheinlich genauso. Auf diese Weise verdienen die Finanzunternehmen sowohl an der Vermögensverwaltung als auch am Finanzprodukt.

Es gibt noch eine weitere sprudelnde Einnahmequelle in der Vermögensverwaltung. Bloß ist von ihr kaum je die Rede, weil die Unternehmen sie in der Schweiz nicht ausweisen müssen. Gesetzlich vorgeschrieben ist hierzulande die Veröffentlichung der sogenannten Gesamtkostenquote. Das sperrige Wort leitet sich vom englischen Total Expense Ratio ab und wird weltweit unter dem Kürzel TER aufgeführt. Diese Kennzahl bezeichnet die Kosten für die Zusammenstellung und das aktive Management der Anlagefonds, für Wirtschaftsprüfung, Betrieb, Administration und Werbung. In einigen Ländern gehören auch die sogenannten Transaktionskosten dazu. Das sind Spesen, die bei jedem Kauf und Verkauf von Wertpapieren oder Immobilien anfallen und den Anlegern in Form von Gebühren belastet werden. Die Veröffentlichung der Transaktionskosten ist in transparenten Märkten eigentlich zwingend. In der Schweiz allerdings müssen die Vermögensverwalter diese Zahlen nicht publizieren. Sie sind weder in der TER-Kennzahl enthalten noch müssen sie separat ausgewiesen werden.

So generieren die Vermögensverwalter hierzulande Jahr für Jahr Gebühren in Milliardenhöhe auf Kosten der Anleger, ohne sie diesen gegenüber ausweisen zu müssen. Diese Kosten sind deutlich höher als diejenigen, zu deren Publikation sie gesetzlich verpflichtet sind. Für die Versicherten der zweiten Säule heißt das konkret: Die einsehbaren TER-Kosten der Verwaltung des Schweizer Vorsorgevermögens belaufen sich mittlerweile auf über fünf Milliarden Franken pro Jahr. Die Transaktionskosten hingegen werden nicht publiziert, deshalb lassen sie sich lediglich schätzen. Rechnet man mit 1 Prozent Transaktionskosten auf 1200 Milliarden Franken, handelt es sich um 12 Milliarden Franken pro Jahr. Ebenfalls nicht ausgewiesen werden die Kosten für Maklerprovisionen, Beratung und diverse Spesen. Sie dürften eine weitere Milliarde ausmachen.

Diese Summen tauchen in keiner Veröffentlichung, in keiner Rechnung auf. Würden sämtliche Anbieter ihre effektiven Gesamtkosten transparent machen, wären sie vergleichbar. Genau wie sich Migros und Coop vergleichen lassen, weil sie ihre Produkte mit verbindlichen Preisschildern versehen: Das Joghurt kostet exakt den Betrag, der auf dem Preisschild und auf dem Kassenzettel steht. Die Kunden der Detailhändler bezahlen keinen unsichtbaren Zusatzpreis, der mehr als doppelt so hoch ist. Wäre das der Fall, würde ein Aufschrei durchs Land gehen und der Gesetzgeber würde diese Praxis mit harter Hand sofort ahnden.

Nicht so im Anlagemarkt. Da kosten die Dinge nicht das, was auf der Rechnung steht. Das erschwert die Beaufsichtigung, wenn es sie nicht gänzlich verunmöglicht. Hinzu kommt die strukturelle Absurdität, dass die Anlagestiftungen, bei denen 15 Prozent des Schweizer Vorsorgevermögens liegen, von der Pensionskassen-Oberaufsicht in Bern mit 28 Vollzeitstellen kontrolliert werden. Die Vermögensverwalter, die den Rest des Vorsorgevermögens betreuen, unterstehen hingegen der Finanzmarktaufsicht Finma. Doch die Finma, die den gesamten Bankenplatz überwachen muss, hat keinen speziellen Auftrag, die Vermögensverwaltung in der zweiten Säule zu kontrollieren. Es ist eine systemische Anomalie, dass der eine Teil der Vorsorgevermögen von der Pensionskassenaufsicht kontrolliert wird und der andere von der Finma. Dahinter lässt sich beim besten Willen kein Sinn erkennen.

Die Pensionskassen-Oberaufsicht sagt dazu auf Anfrage: »Die Effektivität der Aufsicht ist nicht abhängig davon, welche Behörde für die Aufsicht zuständig ist, sondern welche gesetzlichen Kompetenzen ihr zur Verfügung stehen. Und die Kompetenzen der OAK BV sind von Gesetzes wegen limitiert.« Und zur aktuellen Situation sagt sie: »Die Selbstregulierung durch paritätische Stiftungsräte ist für das Gros der Pensionskassen sinnvoll. Aufgrund des andauernden Konzentrationsprozesses im Markt hin zu immer komplexeren Sammel- und Gemeinschaftseinrichtungen wird dies für den Stiftungsrat, die Kontrollorgane und die Aufsicht aber eine immer anspruchsvollere Aufgabe.«

Dass die komplexen Kreisläufe und die ungenügende Aufsicht zu immer höheren Vermögensverwaltungskosten zulasten der Versicherten führen, wird dem Grundgedanken eines Sozialwerks nicht gerecht. Und die berufliche Vorsorge ist ein Sozialwerk. Tatsächlich geben die Versicherten viel zu viel von ihrem Geld ab. Schlimmer noch, sie kriegen auch viel zu wenig dafür zurück.

Milliarden: **Wie die Finanzindustrie unsere Renten verspielt**

Im Jahr 2022 streitet die Schweiz über die Rentenreform. Das ganze Land ist sich einig, die Kassen trocknen aus. Doch wer soll für die Sanierungskosten aufkommen? Die Jungen?

Schon seit Jahren stehen das Rentenalter und der Umwandlungssatz in der zweiten Säule im Zentrum des

Vorsorgestreits. Der Umwandlungssatz legt die jährliche Rente fest, die die Versicherten auf Basis des individuell angesparten Altersguthabens erhalten. Aktuell liegt dieser Satz bei 6,8 Prozent. Nun soll er auf 6 Prozent sinken. Das Problem ist aber, dass aufgrund der immer weiter steigenden Rentnerzahl und der wachsenden Lebenserwartung auch 6 Prozent Umwandlungssatz noch viel zu hoch ist. Die 1200 Milliarden Franken im Schweizer Vorsorgetresor reichen zur Aufrechterhaltung des Leistungsniveaus nicht aus.

Dabei tut die Finanzindustrie nach eigenem Bekunden alles, um das Beste aus den angesparten Versicherungsgeldern zu holen. So schreibt der Verband Asset Management Association Switzerland (AMAS) auf seiner Website zur laufenden Rentendebatte: »Die AMAS hat das Ziel, mit dem Asset Management als Lösungsanbieter in den laufenden Reformanstrengungen die Rolle des ›Dritten Beitragszahlers‹ zu stärken. Mit jedem durch Asset-Management-Dienstleistungen erwirtschafteten Franken muss die Schweizer Bevölkerung weniger Leistungskürzungen in Kauf nehmen.«

Diese Töne sind nicht neu. Jedes Jahr klopft sich die Branche selbst auf die Schulter und verkündet, wie wertvoll der sogenannte »Dritte Beitragszahler« sei. Damit meint sie die Rendite, die sie mit dem angelegten Vorsorgegeld erwirtschaftet. Ob das nun eine Minusrendite ist in schlechten Börsenjahren oder ein Plus in guten, es ist laut Finanzbranche auf jeden Fall das Optimum. Nach dieser Lesart müssen die Versicherten die Tatsache akzeptieren, dass ihr Vorsorgevermögen heute 1200 Milliarden

Vorsorgevermögen

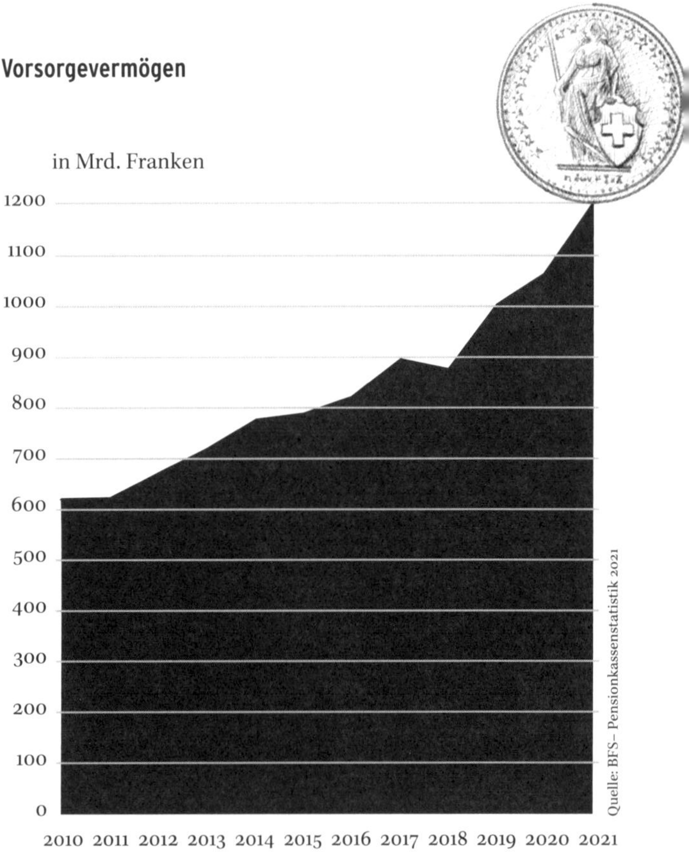

beträgt und die wachsende Zahl von Pensionierten nicht mehr stemmen kann – als handle es sich um eine Naturgewalt. Die Politik kann nur noch darüber entscheiden, wer künftig Verluste in Kauf nehmen muss. Doch diese 1200 Milliarden sind nicht in Stein gemeißelt. Sie sind nicht das Ergebnis eines naturgesetzlichen Prozesses, sondern das

Ergebnis der Art und Weise, wie die Vermögensverwalter das Vorsorgevermögen anlegen und welche Gebühren sie dafür erheben.

Die Vermögensverwalter legen das Geld überwiegend mit aktivem Management an. Sie stellen Körbe aus verschiedenen Wertpapieren zusammen – Aktien von Swisscom oder Novartis zum Beispiel oder Obligationen wie die der Schweizerischen Eidgenossenschaft. So kreieren sie Anlagelösungen, von denen sie glauben, dass sie die beste Rendite abwerfen. Dieses Vorgehen heißt aktive Anlagestrategie. Es wird vom Verband AMAS vehement verteidigt. Entscheidend seien nicht allein die Kosten, sondern wie viel Rendite erwirtschaftet werde. Konkret sei für eine Vorsorgeeinrichtung nur ausschlaggebend, wie viel Gewinn unter dem Strich übrig bleibe. Der Fachbegriff dafür ist »Überrendite«. So wird der Betrag bezeichnet, der bei aktiven Anlagestrategien nach Abzug der Kosten übrig bleibt. »Die Vor- und Nachteile von aktivem und passivem Management müssen zudem je nach Anlageklasse und Region abgewogen werden«, sagt die AMAS. »Im Schweizer Aktienmarkt ist es einfacher als in den USA, eine Überrendite zu erzielen. Denn bei uns werden viele kleine und mittlere Unternehmen von Analysten kaum beachtet und darum kann ein Portfoliomanager durch eigene Recherchen einen Informationsvorsprung gewinnen und entsprechend eine Überrendite erzielen.«

Der dabei anfallende Aufwand will vergütet sein. Er kostet die Vorsorgeversicherten jedes Jahr Milliarden. Wenn sie überhaupt etwas von den riesigen Summen mitkriegen, die aus ihren Vermögen abgeschöpft werden, nehmen sie das im Glauben in Kauf, dafür die bestmögliche Rendite auf ihr Alterskapital zu erhalten. Der Verband der Asset-Manager bestärkt sie in diesem Glauben, wenn er auf seiner Website schreibt: »Sowohl in Schweizer als auch in internationalen Studien wird dem Schweizer Vorsorgesystem ein guter Ruf attestiert. Die Anlageverantwortlichen erzielen überdurchschnittliche Renditen, wobei die Vermögensverwaltungskosten tendenziell sinken und mit rund 0,5 Prozent im internationalen Vergleich als tief eingestuft werden.«

De facto ist im Vorsorgemarkt das Gegenteil der Fall. Die Vermögensverwaltungskosten nehmen zu. »Die Entwicklung der Gesamtkosten pro Destinatär [...] ging mit Ausnahme der kleinen Kassen, die wenig veränderte Zahlen angeben, für alle übrigen Kategorien nach oben, teilweise sogar recht deutlich.« So steht es in der Swisscanto-Pensionskassenstudie 2022 für das Jahr 2021. Dort heißt es weiter: »Der Grund ist bei den gestiegenen Vermögensverwaltungskosten zu suchen.« Bei Kassen mit einem Volumen zwischen 500 Millionen und einer Milliarde sind die Kosten um 12 Prozent gestiegen, bei Kassen zwischen einer und fünf Milliarden um 4 Prozent, bei solchen zwischen fünf und zehn Milliarden um 13 Prozent und bei den größten Kassen mit einem Volumen über zehn Milliarden um 16 Prozent.

Das ist keine Ausnahme von der Regel: Seit 2019 sind gemäß Swisscanto die jährlichen Gesamtkosten für die allgemeine Verwaltung und die Vermögensverwaltung bei den Vorsorgeeinrichtungen mit über 500 Millionen Versicherten um 27 Prozent gestiegen. Und die Zahlen aus der

Swisscanto-Studie – genau wie diejenigen aus anderen Studien auch – zeigen lediglich die Kosten, die von Gesetzes wegen offengelegt werden müssen; die anderen werden nicht erfasst. Da beschleicht selbst die Zürcher Kantonalbank, die die Swisscanto-Studie herausgibt, ein mulmiges Gefühl: »Dass die grössten Vorsorgeeinrichtungen einen solchen Kostenschub verzeichnen, ist überraschend und ruft nach einer vertieften Analyse.«

Seit 2010 sind die ausgewiesenen Vermögensverwaltungskosten der Schweizer Pensionskassen fast ununterbrochen gestiegen – von 2,7 Milliarden Franken auf 5,3 Milliarden im Jahr 2020. Ihre Summe beläuft sich allein für diesen Zeitraum auf 42 Milliarden Franken. Auch das sind lediglich die Kosten, die die Finanzunternehmen offenlegen müssen.

Die Vermögensverwalter rechtfertigen die Kosten mit der Leistung, die sie zugunsten der Versicherten erbringen. Ihr Verband spricht von »überdurchschnittlichen« Renditen. Tatsächlich haben die Vermögensverwalter aus dem Schweizer Vorsorgevermögen im Jahr 2021 eine Rendite von 8 Prozent herausgeholt. Allerdings war das ein Jahr der Börsenrekorde. In der ersten Hälfte des Jahres 2022 zeigt sich für die Schweizer Pensionskassen wieder ein ganz anderes Bild: Ihre Rendite, die die Vermögensverwalter mit überwiegend aktiven Anlagestrategien erwirtschaftet haben, ist auf minus 12,3 Prozent eingebrochen.

Pauschal von einer »überdurchschnittlichen« Rendite zu sprechen, ist gewagt. Doch was ist überhaupt der Durchschnitt, an dem sich diese Aussage orientiert? Sinnvollerweise können das nur die Börsenmärkte sein. Denn genau

Offengelegte Vermögensverwaltungskosten

Vermögensverwaltungskosten der Schweizer Pensionskassen (Total Expense Ratio) von 2010 bis 2020

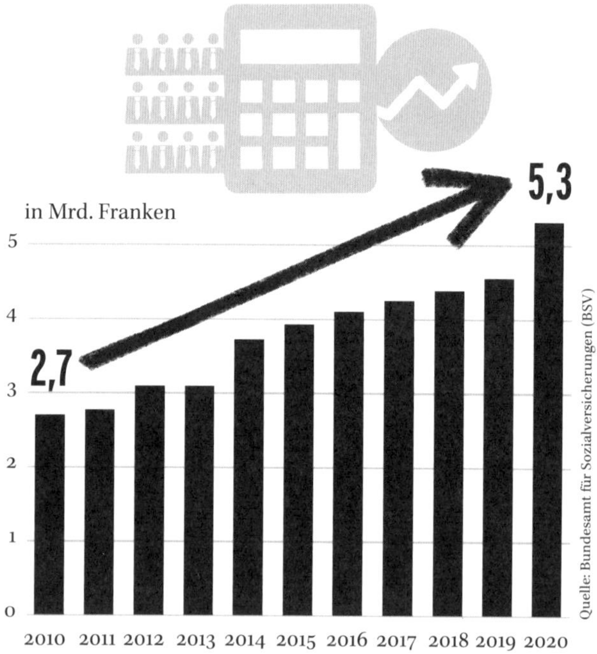

damit rechtfertigt das aktive Anlagemanagement seine hohen Kosten: Es schlägt gemäß der Überzeugung der Vermögensverwalter den Markt. Aber stimmt das auch?

Diese Frage ist zentral, denn Vermögen kann auch passiv angelegt werden. Die zugrunde liegende Systematik existiert schon seit Ende des 19. Jahrhunderts. 1884 entwickeln die amerikanischen Wirtschaftsjournalisten Charles Dow und Edward Jones die ersten Aktienindizes der Welt, darunter den Dow Jones Industrial Average, der heute kurz Dow Jones genannt wird. Für diesen Index stellen die beiden Journalisten eine repräsentative Aktienauswahl börsenkotierter US-Unternehmen zusammen. Heute bildet der Dow Jones die Marktentwicklung aus den Aktien der 30 größten amerikanischen Unternehmen ab.

In den siebziger Jahren setzt sich unter amerikanischen Wirtschaftswissenschaftlern die Erkenntnis durch, dass Anlagen, die solche Indizes nachbilden, über zehn Jahre hinweg deutlich bessere Renditen erzielen als aktiv verwaltete Fonds. Seither sind weltweit diverse Studien publiziert worden, die das bestätigen. Rund um den Globus gibt es mittlerweile über drei Millionen solcher Indizes. Allein das Unternehmen Dow Jones Indexes bietet 130 000 von ihnen an.

Der erste Index für den Schweizer Aktienmarkt, der SBV 100, wird in den sechziger Jahren zusammengestellt. 1988 wird nach dem Vorbild des Dow Jones der Swiss Market Index (SMI) geschaffen, der die Marktentwicklung basierend auf den Aktien der zwanzig größten Schweizer Unternehmen nachbildet. Er ist heute der bedeutendste Schweizer Aktienindex.

In den Vereinigten Staaten setzt sich das indexierte Anlegen deutlich schneller durch als in Europa. Wer aber über den großen Teich schaut, sieht dort Erstaunliches. 2015 teilt die *Frankfurter Allgemeine Zeitung* ihren Lesern mit: »Der breitgefasste amerikanische Aktienindex S&P 500 hat sich in zehn Jahren besser entwickelt als 98 Prozent der

Fonds auf amerikanische Aktien. Umgekehrt haben also nur 2 Prozent der Fondsmanager durch ihre Aktienauswahl eine Mehrrendite gegenüber dem S&P 500 geliefert.« Die Zeitung kommt zum Schluss: »Die meisten Fondsmanager sind ihr Geld nicht wert.«

In den USA geht der Indexboom derweil ungebrochen weiter. Der Starinvestor Warren Buffett schreibt 2017 an die Aktionäre seiner Gesellschaft Berkshire Hathaway: »Wenn Billionen von Dollar von Wall-Street-Managern verwaltet werden, die hohe Gebühren verlangen, werden es in der Regel die Vermögensverwalter sein, die enorme Gewinne machen, und nicht die Kunden.« Deshalb empfiehlt Buffett nicht nur Privatanlegern, sondern auch Pensionskassen die Anlage in Indexfonds.

Selbst der weltgrößte Vermögensverwalter BlackRock kritisiert Branchenmitglieder, die sich dem passiven Anlegen verweigern: »Seit fast 50 Jahren senken Indexanlage-Instrumente die Kosten und vereinfachen den Zugang zu diversifizierten Investments für alle Investoren, von anspruchsvollen Finanzinstituten bis hin zu Einzelpersonen.« 2019 wird an der weltgrößten Börse New York Stock Exchange erstmals mehr Vermögen mit einer passiven Anlagestrategie in Indexfonds angelegt als mit einer aktiven Anlagestrategie in herkömmliche Anlagefonds. »Indexfonds sind die neuen Könige der Wallstreet«, verkündet das weltbekannte *Wall Street Journal*. »Asset Manager, die den Aktienmarkt nachahmen, sind gerade zu den neuen Titanen in der Welt der Fondsverwaltung geworden.«

Titanen, das klingt nach Riesen, die Berge versetzen können. Tatsächlich aber funktioniert passives Anlegen über weite Strecken automatisch. Das macht das Investieren auch für Anleger möglich, die keine professionellen Trader sind – zum Beispiel solche, die ein kleines Vermögen haben und es langfristig risikoarm anlegen wollen. Das könnten aber auch Stiftungsräte sein, die die Verantwortung für das Vermögen einer ganzen Pensionskasse tragen, ohne ein Wirtschaftsstudium im Rucksack zu haben.

Weil es viel einfacher ist und viel weniger Transaktionen nach sich zieht, ist passives Anlegen viel günstiger als die aktive Selektion. Die Kosten von Indexfonds sind bis zu viermal tiefer. Das bedeutet aber weniger Einnahmen für die Vermögensverwalter. Natürlich ist das nicht ihr offizielles Argument für aktives Management. Sie geben an, mit ihrem Management den Markt zu schlagen, indem sie eine Überrendite erwirtschaften. Auf diese Behauptung müssen sich die Vorsorgeversicherten in der Schweiz verlassen, die zur Einzahlung in die zweite Säule gezwungen und darauf angewiesen sind, dass dieses Geld auf die bestmögliche Weise angelegt wird. Doch stimmt es denn, dass die vielen aktiven Manager mehr Rendite erreichen als die Indexfonds?

Diese Frage stellt sich Serge Aerne schon seit langem. Bei der Tellco AG erlebte er Ende der Nullerjahre, wie Finanzunternehmen mit Vermögensverwaltungskosten Profite zulasten der Versicherten machten. Parallel zu seiner Arbeit als Tellco-Direktor verfasste Aerne an der Fachhochschule Graubünden in Chur eine Masterarbeit, in der er das Konzept einer neuen Vorsorgeeinrichtung entwickelte. Er wollte die fatale Verknüpfung auflösen, die den

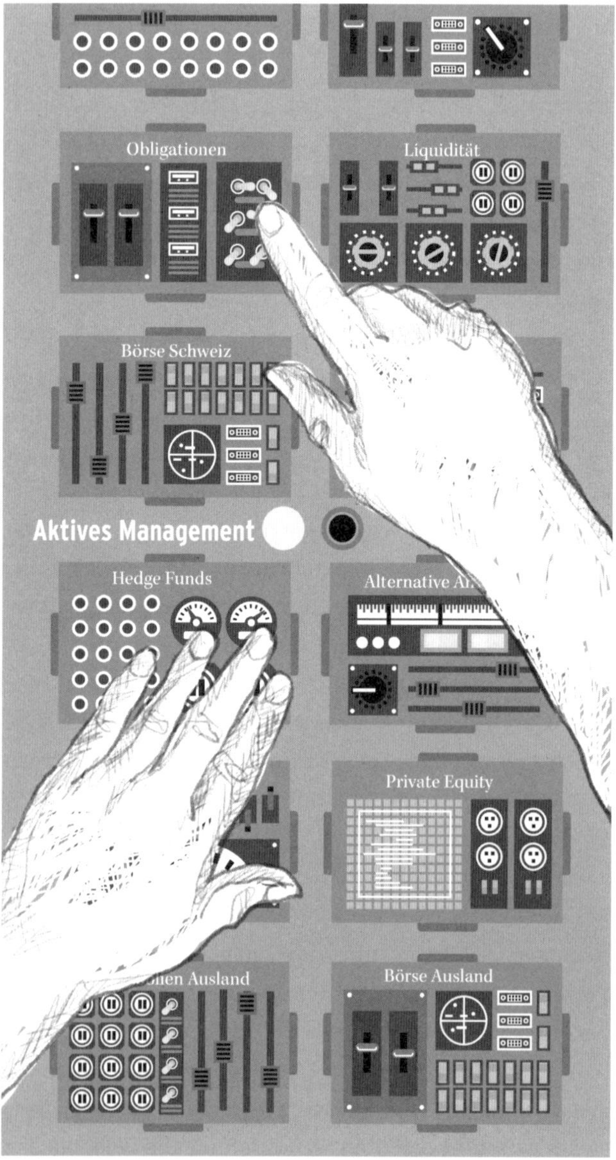
Obligationen
Liquidität
Börse Schweiz
Aktives Management
Hedge Funds
Private Equity
Börse Ausland

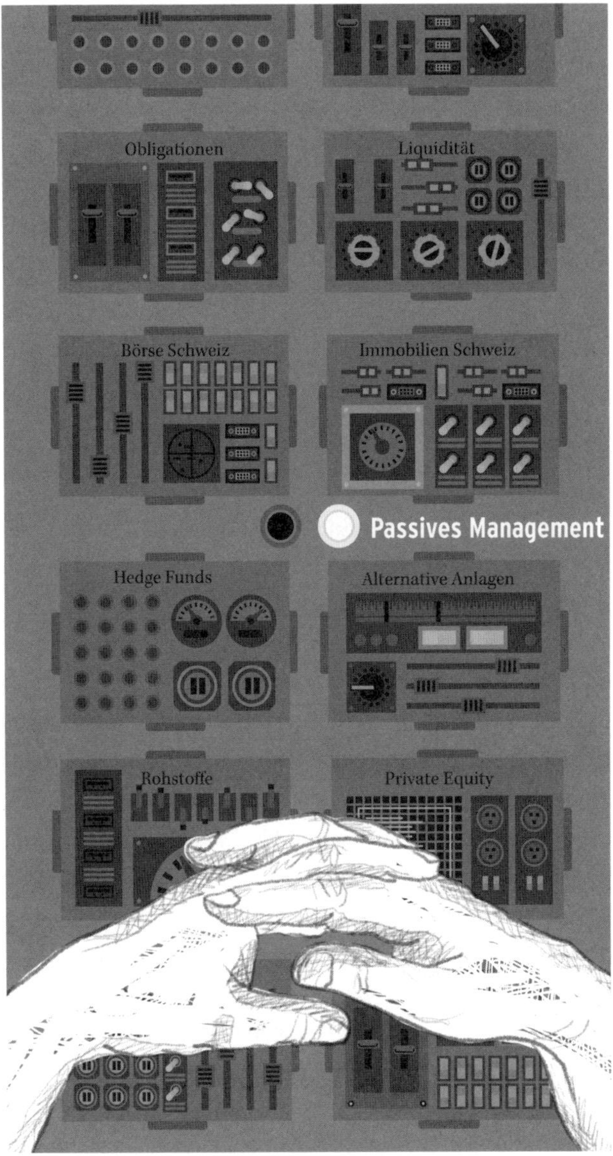
Obligationen
Liquidität
Börse Schweiz
Immobilien Schweiz
Passives Management
Hedge Funds
Alternative Anlagen
Rohstoffe
Private Equity

Pensionskassenmarkt bis heute beherrscht: Gewinner sind entweder die Finanzunternehmen oder die Versicherten.

In seiner Abschlussarbeit gelangt Aerne zu der Überzeugung, dass beide Seiten gewinnen könnten. Das funktioniere aber nur, wenn die Holding, die die Kundengelder betreut, nicht bloß von stetig wachsenden Vermögensverwaltungskosten lebe. Sie müsse ihr Geld mit anderen Dienstleistungen erwirtschaften. Deshalb soll das Versichertengeld nicht Vermögensverwaltern überlassen werden, sondern von einem pensionskasseneigenen Anlageausschuss ausschließlich passiv angelegt werden – denn diese Anlageform ist einfacher, günstiger, rentabler und damit auch zum Vorteil der Kunden.

Mit diesem Konzept ging Aerne zu Tellco-Besitzer Hans Düring. Doch Düring winkte ab. Aerne verließ die Tellco und gründete die PK Phoenix. Das Konzept der passiven Anlage wurde aber auch dort letztlich nicht realisiert, weil Aerne die Phoenix schon 2015 wieder verließ.

Nun hat Aerne die Rechnung für sämtliche Vorsorgeversicherten in der Schweiz gemacht, zusammen mit einem Finanzmathematiker. Die zugrunde liegende Frage ist eigentlich ziemlich einfach, bloß hat sie bis heute noch niemand gestellt: Seit der Einführung des BVG-Obligatoriums ist das Vorsorgevermögen auf 1200 Milliarden Franken angewachsen – wie groß aber wäre es, wenn die Finanzindustrie das Alterskapital der Versicherten nicht vorwiegend aktiv, sondern ausschließlich passiv angelegt hätte?

Die Rechnung setzt in einem ersten Durchgang 1998 an und schließt 2020 ab – nur für diesen Zeitraum liegen vollständige Daten vor, die öffentlich zugänglich sind. Die

Daten stammen vom Bundesamt für Statistik (BFS), dem Bundesamt für Sozialversicherungen (BSV), der Pensionskassen-Oberaufsicht des Bundes, der AMAS, UBS, Credit Suisse, Pictet und von der Firma Weibel Hess und Partner.

Verglichen wurden hier – eine von verschiedenen Herangehensweisen an die Thematik – die tatsächlich erwirtschafteten Renditen der Pensionskassen mit den Renditen, die eine rein passive Anlagestrategie erwirtschaftet hätte. Ausgangspunkt ist die Nettorendite, also das, was nach Abzug der Kosten tatsächlich auf dem Konto der Versicherten bleibt. Bei den historisch erwirtschafteten Renditen der Pensionskassen sind die Nettorenditen in den einsehbaren Datenreihen ohne weitere Rechnerei greifbar. Bei der passiven Anlage wurde die Nettorendite errechnet, indem mit durchschnittlichen Kosten von 0,175 Prozent operiert wurde. Diese Zahl ist ein Mittelwert, den man selbstredend variieren kann. Er liegt zwischen den tiefsten und den höchsten Kosten für passive Indizes in der Schweiz, die zwischen 0 und 0,35 Prozent schwanken, und erscheint deshalb als geeignet.

Pensionskassen legen heute schon Teile ihres Vermögens passiv an. Der exakte Anteil der indexierten Anlagen am gesamten Vorsorgevermögen in der Schweiz ist nirgendwo publiziert. Gemäß der jüngsten Swisscanto-Studie liegt er bei etwa 30 Prozent.

Der für den Vergleich verwendete passive Index ist der geläufige Pictet-BVG-Index. Die Finma bezeichnet ihn als »anerkannte Benchmark für Vorsorgevermögen«. Er wird auch innerhalb der Vorsorgebranche als Referenz benutzt. Verschiedene Pensionskassenvergleiche operieren mit ihm.

Die Pensionskassen-Oberaufsicht des Bundes zieht den Pictet-BVG-Index in ihren Berichten zur finanziellen Lage der Vorsorgeeinrichtungen ebenfalls heran.

Wir schauen uns zuerst den Pictet-40-Index an, der einen Aktienanteil von 40 Prozent aufweist. Dieser Anteil liegt unter dem den Pensionskassen gesetzlich vorgeschriebenen Maximalanteil von 50 Prozent Aktien bei der Anlage von Vorsorgekapital.

1998 beträgt das fremdverwaltete Vorsorgevermögen der Schweizer Pensionskassen 413 Milliarden Franken. 23 Jahre später sind es 1062 Milliarden. Die erwirtschaftete Rendite der Vorsorgeeinrichtungen in diesem Zeitraum beträgt 512 Milliarden. Sie wurden mehrheitlich mit aktiven Anlagestrategien und einem Aktienanteil von rund 25 Prozent erwirtschaftet. Hätten die Pensionskassen in dieser Zeit ihr Geld konsequent passiv angelegt und mutiger auf Aktien gesetzt, würde die Rendite inklusive Zinsen und Zinseszinsen hingegen bei insgesamt 662 Milliarden Franken liegen. Die passive Anlagestrategie hätte zusammen mit dem höheren Aktienanteil 150 Milliarden mehr abgeworfen.

Die passive Indexanlage mit einem Anteil von 40 Prozent Aktien hat nur in fünf von insgesamt 23 Jahren schlechter abgeschnitten, insbesondere 2002 und 2008. In beiden Fällen zogen heftige Stürme durch die Märkte, 2002 wegen der geplatzten Dotcom-Blase, 2008 wegen der großen Finanzkrise. In diesen Extremsituationen, als sämtliche Märkte nach unten rasten, konnten die aktiven Fondsmanager den Index klar übertreffen. Schon 2009 ging es aber wieder in die andere Richtung, die passive Anlage ließ die tatsächlich erzielte Rendite um 6,2 Prozent hinter sich. Insgesamt bedeutet das: Die passive Strategie ist eindeutig rentabler.

Jährliche Überrendite der passiven Anlagestrategie im Vergleich zur tatsächlich erzielten Rendite in Prozent sowie die kumulierte Überrendite in Millionen

Jahr	Jährliche Überrendite	Kumulierte Überrendite inkl. Zinseszins in Mio. Franken
1998	2,6 %	9 563
1999	8,6 %	46 615
2000	−1,6 %	40 301
2001	−3,3 %	22 769
2002	−2,5 %	9 252
2003	5,7 %	34 662
2004	1,8 %	45 235
2005	4,1 %	72 306
2006	0,3 %	78 733
2007	−1,4 %	71 224
2008	−6,1 %	20 663
2009	6,2 %	57 518
2010	0,7 %	64 283
2011	−1,0 %	57 048
2012	2,3 %	76 680
2013	1,8 %	94 700
2014	3,1 %	126 638
2015	−0,5 %	122 859
2016	0,6 %	132 200
2017	1,2 %	153 170
2018	−1,8 %	129 843
2019	0,7 %	151 176
2020	−0,7 %	150 185

Basis: Pictet-BVG-40.

Analoge exakte Berechnungen sind für die Jahre vor 1998 mit öffentlich zugänglichen Daten nicht möglich; sie sind zu lückenhaft, um sie jahresweise korrekt zu erfassen. Überträgt man allerdings die jeweilige Durchschnittsrendite der Jahre 1998 bis 2020 auf das Vorsorgevermögen der Jahre 1985 bis 1997, lässt sich für diesen Zeitraum eine Schätzung machen. Die Minusrendite der tatsächlich erwirtschafteten Erträge im Vergleich zur passiven Anlage beträgt 20,8 Prozent. So ergibt sich für die Jahre von 1985 bis 1997 eine Differenz von 27,7 Milliarden Franken zugunsten der passiven Indexanlage. Zieht man Zinsen und Zinseszinsen hinzu, beträgt die Differenz 28 Milliarden Franken.

Im Ergebnis sprechen wir von insgesamt 188 Milliarden Franken, die den Vorsorgeversicherten gemäß dieser Berechnung seit 1985 entgangen sind, weil die Finanzindustrie ihr Geld nicht passiv angelegt hat. Hinzu kommt, dass wegen des Zinseszinseffekts diese Differenz künftig immer größer wird.

Nun stellt sich die Frage, ob die Pensionskassen nicht ein höheres Risiko eingehen, wenn sie das Versichertengeld passiv zu 40 Prozent in Aktien investieren. Um diese Frage zu beantworten, ist ein Vergleich des Pictet-40-Index mit der durchschnittlichen Anlagenverteilung der Pensionskassen angezeigt. Wir haben das renommierte Beratungsunternehmen PPCmetrics gebeten, den Vergleich für uns zu ziehen. Das Unternehmen kommt zu dem Ergebnis: »Das Risikoprofil der durchschnittlichen Schweizer Vorsorgeeinrichtungen entsprach per Ende 2021 einer Anlagestrategie mit einem Aktienanteil von rund 40 Prozent.« Mit anderen Worten, die Anlage der Vorsorgegelder gemäß dem Pictet-40-Index würde aus heutiger Sicht für die Versicherten kein größeres Risiko bedeuten als die effektiv getätigte Anlage ihres Vermögens durch die Pensionskassen.

Der Pictet-40-Index hat einen Aktienanteil von 40 Prozent. Es gibt aber auch Indizes mit höheren Aktienanteilen. Der Pictet-60-Index hat 60 Prozent Aktien und damit mehr als die vom Gesetzgeber für die Pensionskassen festgesetzten 50 Prozent. Solche Beschränkungen waren von Anfang an umstritten. Mittlerweile gibt es denn auch diverse Ausnahmen von dieser Regel. Sie ist kein Naturgesetz. Der Staat hätte jederzeit zulassen können, das Vorsorgevermögen mit einem höheren Aktienanteil anzulegen. Denn es ist unbestritten, dass Aktien langfristig die rentabelste Anlagekategorie darstellen, und in der Vorsorge ist die lange Frist zentral. Wie hätte sich das Vorsorgevermögen seit 1985 entwickelt, wenn mit einem 60-prozentigen Aktienanteil passiv angelegt worden wäre?

Die tatsächliche Rendite der Vorsorgeeinrichtungen im Zeitraum von 1998 bis 2000 beträgt 512 Milliarden. Hätten die Pensionskassen in dieser Zeit ihr Geld konsequent passiv mit einem 60-prozentigen Aktienanteil angelegt, würde die Rendite bei insgesamt 809 Milliarden Franken liegen. Diese Anlagestrategie hätte 58 Prozent mehr abgeworfen. Rechnet man Zinsen und Zinseszinsen mit ein, macht die Differenz 297 464 000 Franken aus; das sind fast 300 Milliarden.

Auch die passive Indexanlage mit einem Anteil von 60 Prozent Aktien hat in der Dotcom-Krise und auf dem Höhepunkt der Finanzkrise schlechter abgeschnitten als die tatsächlich praktizierte Anlagestrategie der Pensionskassen. Insgesamt hat sie allerdings die Nase eindeutig vorn. Die Spannweite liegt zwischen einer um 16,47 Prozent höheren Rendite im Jahr 1999 und 0,75 Prozent im Jahr 2020.

Jährliche Überrendite der passiven Anlagestrategie im Vergleich zur tatsächlich erzielten Rendite in Prozent sowie die kumulierte Überrendite in Millionen

Jahr	Jährliche Überrendite	Kumulierte Überrendite inkl. Zinseszins in Mio. Franken
1998	3,7 %	13 785
1999	16,5 %	85 135
2000	−3,2 %	70 690
2001	−6,4 %	34 970
2002	−10,4 %	-18 300
2003	10,6 %	23 364
2004	2,7 %	37 641
2005	10,0 %	94 355
2006	3,1 %	120 044
2007	−1,2 %	114 097
2008	−15,3 %	-11 157
2009	11,3 %	47 314
2010	1,1 %	55 944
2011	3,4 %	32 452
2012	4,5 %	64 816
2013	6,7 %	118 417
2014	4,8 %	167 217
2015	−0,8 %	160 690
2016	2,0 %	184 841
2017	5,1 %	249 348
2018	−3,6 %	200 591
2019	5,0 %	275 933
2020	0,8 %	297 460

Basis: Pictet-BVG-60.

Überträgt man die jeweilige Durchschnittsrendite der Jahre 1998 bis 2020 auch in dieser Rechnung auf das Vorsorgevermögen der Jahre 1985 bis 1998, ergibt sich folgende Schätzung: Die Durchschnittsrendite von 3,54 Prozent für das aktive und 5,41 Prozent für das passive Anlegen haben eine Differenz von 57,5 Milliarden Franken zugunsten der passiven Indexanlage zur Folge. Zieht man Zinsen und Zinseszinsen hinzu, beträgt die Differenz über 100 Milliarden Franken. Das heißt, ein mutigerer Aktienanteil beim passiven Anlegen hätte den Versicherten 400 Milliarden Franken mehr eingebracht. Sie hätten heute zusammen 1600 Milliarden statt 1200 Milliarden auf den Vorsorgekonten.

UBS, Credit Suisse und die Zürcher Kantonalbank widersprechen unserer Darstellung. Sie betonen, dass aktives Management Vorteile mit sich bringe, die passives Anlegen nicht habe. Ein Vergleich der beiden Strategien sei jedoch schwierig. So schreibt die UBS auf Anfrage: »Ob aktive oder passive Anlagen eine bessere Nettoperformance aufweisen, lässt sich nicht allgemein gültig beantworten. Viele unserer aktiven Produkte konnten jedoch in den letzten 15 Jahren eine Überrendite gegenüber ihrer jeweiligen Benchmark erzielen.« Die Credit Suisse hält fest: »Da sich aktive und passive Lösungen in der Regel inhaltlich deutlich unterscheiden, lassen sich die beiden Arten von Anlagevehikeln nicht direkt vergleichen.«

Anders sieht das Andreas Reichlin, Partner beim Beratungsunternehmen PPCmetrics. Der Ökonom unterstützt Stiftungsräte von Vorsorgeeinrichtungen bei ihren Anlageentscheidungen und rät seiner Kundschaft seit zwanzig

Jahren, passiv anzulegen. Reichlin sagt: »Heute gilt als erwiesen, dass sich passive Anlagemethoden insbesondere im Bereich der Aktien für Vorsorgeeinrichtungen auszahlen, darüber gibt es mittlerweile zahlreiche belastbare wissenschaftliche Studien. Diese Frage also konnte wirklich endgültig beantwortet werden.«

Doch was bedeuten die hier vorgelegten Berechnungen aus Sicht eines einzelnen Versicherten? Wir haben erneut eine Hochrechnung gemacht. Ausgangspunkt ist dieses Mal das Jahr 1998, in dem drei Versicherte drei verschiedenen fiktiven Vorsorgeeinrichtungen beitreten. Alle drei haben einen versicherten Lohn von 60 945 Franken, den maximalen koordinierten BVG-Lohn. Der Versicherte A ist bei einer Pensionskasse versichert, welche die durchschnittliche Rendite aller Vorsorgeeinrichtungen zwischen 1989 und 2020 von 3,54 Prozent aufweist. Diese Rendite wurde überwiegend mit aktivem Anlegen erzielt.

Wir rechnen damit, dass die Kasse 75 Prozent ihrer Kapitalgewinne den Versicherten verzinst, womit der Versicherte A mit einem Zins von 2,66 Prozent rechnen kann. Der Versicherte B hat sein Geld bei einer Kasse parkiert, welche die durchschnittliche Rendite des Pictet-40-Index zwischen 1998 und 2020 von 4,43 Prozent erreicht und diese den Versicherten mit 3,32 Prozent verzinst, während die Kasse des Versicherten C die durchschnittliche Rendite des Pictet-60-Index in diesem Zeitraum von 5,42 Prozent erzielt und mit 4,06 Prozent verzinst.

Während vierzig Jahren zahlen alle drei Versicherten zusammen mit ihren Arbeitgebern bei gleichbleibendem Lohn BVG-konform je 311 000 Franken ein und die Renditen

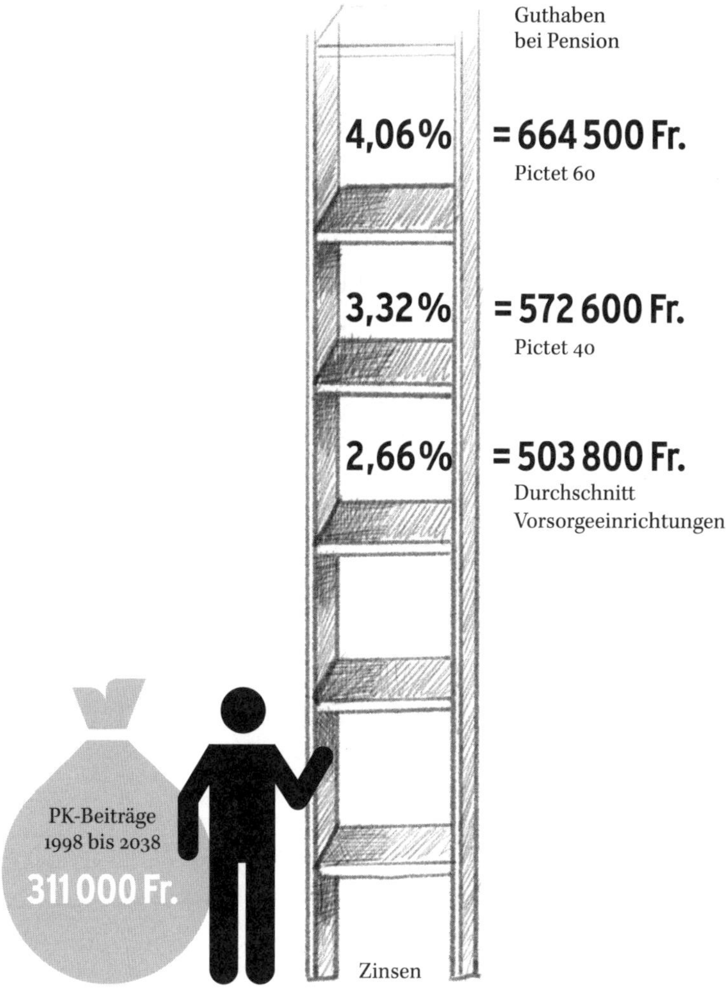
Guthaben
bei Pension
4,06 %
= 664 500 Fr.
Pictet 60
3,32 %
= 572 600 Fr.
Pictet 40
2,66 %
= 503 800 Fr.
Durchschnitt
Vorsorgeeinrichtungen
PK-Beiträge
1998 bis 2038
311 000 Fr.
Zinsen

verändern sich auch in dieser Rechnung nicht. Wie hoch ist das Altersguthaben der drei Versicherten nach vierzig Jahren Erwerbstätigkeit? Wieder entfaltet der Zinseszinseffekt seine Wirkung. So besitzt der Versicherte A bei seiner Pensionierung 503 800 Franken, der Versicherte B 572 600 Franken und der Versicherte C 664 500 Franken. Die Unterschiede sind beträchtlich.

Aus Sicht der Vorsorgeversicherten ist das aktive Anlegen ihres Vermögens ein Verlustgeschäft. Dabei gibt es im Schweizer Vorsorgebereich schon längst Einrichtungen, die auf das richtige Pferd setzen. Der Sicherheitsfonds BVG, die Auffangeinrichtung des Bundes für in Not geratene Pensionskassen, legt sein Geld passiv an. Auch die AHV vermehrt einen Teil ihres langfristig angelegten Vermögens mit einer kostengünstigen passiven Anlagestrategie. Warum geschieht das nicht schon längst auf breiter Front mit den Pensionskassengeldern?

Falsches Spiel: **Die zweite Säule und der Staat**

Die Idee einer Volkspension scheitert 1972 an der Urne. Das Drei-Säulen-Modell gewinnt. AHV, berufliche und private Vorsorge sollen künftig im Verbund das Alter der Schweizer Bevölkerung absichern. Das freut die Finanzindustrie, der sich in der zweiten Säule ganz neue Perspektiven eröffnen. Linke und Gewerkschaften sind überzeugt, das Pensionskassenobligatorium könne den Versicherten nicht schaden.

Doch sie irren sich. Die Stiftungsräte werden schon bald zu Marionetten degradiert. Die Finanzindustrie übernimmt das Zepter und schöpft milliardenschwere Gewinne aus den Pensionskassen ab. Und was macht der Staat? Er werkelt am BVG herum und erlässt immer mehr Bestimmungen, die den Versicherten gar nichts nützen. Die Parlamentsmehrheit steht auf der Seite der Finanzindustrie. Nicht zuletzt deshalb, weil viele Abgeordnete selbst mitverdienen im lukrativen Vorsorgemarkt. Sie vertreten nicht die Interessen des Volks, sondern die eigenen. Dieses falsche Spiel ist ein zentraler Grund für die Ohnmacht der Pensionskassenversicherten in der Schweiz.

Machtlos: **Die Pensionskassenaufsicht unter der Fuchtel des Parlaments**

1985 schreiben die Parlamentarier die Parität in das BVG: Die Stiftungsräte der Pensionskassen müssen sich je hälftig aus Arbeitgeber- und Arbeitnehmervertretern zusammensetzen. Sie sind für das Wohl der Kassen verantwortlich und haften auch dafür. Davon abgesehen ist den Politikern in Bern aber vor allem wichtig, dass das BVG so schlank wie möglich ist, so wenig Regelung wie möglich vorgibt. Freiheit für die Anbieter ist oberstes Gebot. Ein zentrales Argument dafür sind die Marktverhältnisse im Jahr 1985. Damals verwalten die Schweizer Vorsorgewerke 150 Milliarden Franken. Doch in den folgenden Jahren nimmt das Versichertenvermögen unaufhörlich zu, 200 Milliarden, 300 Milliarden, 400 Milliarden, bis 2022 über 1200 Milliarden. Riesige Summen liegen in den Pensionskassen, die damit fast nach Belieben verfahren.

Deshalb beginnt die Politik schon in den neunziger Jahren, dem BVG neue Bestimmungen hinzuzufügen. Sie sollen dafür sorgen, dass das System nicht aus den Fugen gerät. Und so nehmen parallel zum wachsenden Vorsorgevermögen auch die staatlichen Interventionen zu. Aus den 98 Bestimmungen im BVG von 1985 werden bis 2022 mehrere Hundert Vorschriften; die BVG-Verordnung wächst auf 2000 Seiten an. Doch das ist Flickschusterei. Von einem transparent organisierten und sinnvoll regulierten Markt kann keine Rede sein. Die politischen Eingriffe sind vornehmlich Ad-hoc-Reaktionen und Detailkorrekturen, die ein wucherndes System mehr befördern als eindämmen. Mit Ausnahme von einigen wenigen

Sachverständigen blickt jetzt überhaupt niemand mehr durch.

Und wie regelt das BVG von 1985 die Kontrolle der zweiten Säule? Fünf seiner Artikel widmen sich der Pensionskassenaufsicht. Sie sollen dafür sorgen, dass die Vorsorgeeinrichtungen, die Revisionsstellen und die Pensionskassenexperten sich an die gesetzlichen Vorschriften halten und das Versichertenvermögen zweckmäßig verwenden. Die Linien sind so grob skizziert, die Aufgaben so unklar formuliert, dass jede kantonale Aufsicht nach eigenem Dafürhalten und von Fall zu Fall entscheidet, ob und wie sie den Anbietern auf die Finger schaut. Die Oberaufsicht liegt beim Bundesamt für Sozialversicherungen (BSV) in Bern, das dem Treiben aus der Ferne zuschaut.

Die mangelnde Kontrolle ist politisch gewollt. Eingriffe sollen eigentlich keine stattfinden. Selbstregulierung heißt das Zauberwort, das die Finanzbranche aus den Vereinigten Staaten importiert hat. Nun soll es auch in den Sozialwerken seine Magie entfalten und einem schlanken Pensionskassenmarkt zum Durchbruch verhelfen. Der Zauber soll den Anbietern maximale Freiheiten gegenüber den Kunden gewähren, die der Staat zum Konsum der offerierten Dienstleistungen zwingt. Das hat zur Folge, dass die Vorsorgeeinrichtungen die wachsenden Versichertengelder ohne Vorgaben und Korrektiv praktisch nach Belieben verwalten.

In den achtziger Jahren investieren sie in den boomenden Immobilienmarkt. Als dessen Blase 1990 platzt, geraten die Pensionskassen reihenweise ins Straucheln. Einige von ihnen gehen krachend bankrott, am spektakulärsten die Sammelstiftungen Vera und Pevos des Oltner Baulöwen Alfred Heer. Bundesrat und Parlament schauen zu, als beträfe sie das nicht. Erst 1993 reagiert die Landesregierung schließlich und passt diverse Verordnungsbestimmungen an, insbesondere die Anlagevorschriften.

Doch besser wird das Ganze nicht. Die Vorsorgewerke werden immer größer, die Kapitalmärkte immer verflochtener, die Anlagestrategien immer komplexer. Die Stiftungsräte, die im Nebenamt weitreichende Investitionsentscheidungen in einem hochsensiblen Marktumfeld treffen müssen, sind mit der Zeit immer heilloser überfordert. Nach dem Platzen der Dotcom-Blase um die Jahrtausendwende geraten diverse Kassen in Unterdeckung. Ein zweites deutliches Alarmsignal, doch die kantonalen Aufsichtsbehörden wissen nicht einmal, ob sie darauf überhaupt reagieren sollen. Es ist nämlich völlig unklar, ob Pensionskassen in Unterdeckung geraten dürfen oder nicht. Die Politik diskutiert fünf Jahre lang darüber, bevor 2005 der BVG-Artikel in Kraft tritt, der eine Unterdeckung unter bestimmten Bedingungen für eine gewisse Zeit erlaubt.

Die Episode ist ein Beispiel dafür, wie zaudernd der Staat sich um den von ihm geschaffenen Pensionskassenmarkt kümmert. Er reagiert, wenn überhaupt, erst, wenn der Laden brennt. Und bis er die Wasserschläuche montiert hat, ist das Haus abgebrannt, und die Steuerzahlerin, der Steuerzahler darf es wieder aufbauen. Es handelt sich nicht um zufällige einmalige Fehler, es fehlt der politische Wille, die Pensionskassengelder bestmöglich für die Versicherten zu verwalten. Umgekehrt, es ist politisch gewollt, nicht einzugreifen. Die Strategie nennt sich »repressive

Aufsichtsführung« und unterbindet jede Möglichkeit, Fehler zu verhindern, bevor sie passieren. Das hat zur Folge, dass die Gesetzgebung im Pensionskassenwesen dem Geschehen stets um Jahre hinterherhinkt. Dieser Umstand hat fatale Konsequenzen für die Versicherten. Er verhindert, dass das System vor Betrug und Ausbeutung effizient geschützt wird.

Die meisten Fehlentwicklungen und Probleme im Pensionskassenwesen werden nicht einmal registriert. Die Vorsorgeeinrichtungen operieren notorisch unterkontrolliert. Die Aufsichtsbehörden haben keinerlei Überblick. 2005 ringen sich Bundesrat und Parlament zu einer BVG-Revision zur Stärkung der Transparenz durch. Schärfere Regeln sollen dafür sorgen, dass auch für Außenstehende nachvollziehbar wird, was die Finanzindustrie mit dem Vorsorgevermögen eigentlich macht. Die finanzielle Situation der Pensionskassen soll künftig klarer erkennbar sein, und die Versicherten sollen besser informiert werden.

Transparenter wird mit der Revision von 2005 allerdings kaum etwas. Stattdessen häufen sich bei den kantonalen Aufsichten die Beschwerden von Versicherten. Am häufigsten melden sich Kunden aus dem wachsenden Bereich der Gemeinschafts- und Sammelstiftungen. Diese Stiftungen unterstehen allerdings nicht den kantonalen Aufsichtsbehörden, sondern dem BSV. Doch dort weiß niemand, was die Sammelstiftungen in Schwyz oder Genf so treiben. Man weiß nur, dass sie kräftig Geld aus dem Vorsorgetopf abschöpfen. Im Jahr 2008, mitten in der Finanzkrise, sind es 2,3 Milliarden Franken an Gebühren – und das sind wiederum nur die offengelegten Kosten.

Im Vorfeld der Abstimmung zur Senkung des Umwandlungssatzes im Jahr 2010 ist die Kritik nicht mehr zu übergehen. Den Versicherten ist klar, dass die zweite Säule in finanzieller Bedrängnis ist. Doch warum sollen sie eigenhändig ihre Renten kürzen? Niemand legt offen, was die finanzielle Lage der Pensionskassen mit der Art und Weise zu tun hat, wie die Versichertengelder verwaltet und angelegt werden. Es herrscht Intransparenz, und eine untätige Aufsicht lässt den Dingen ihren Lauf. Die Stimmbürgerinnen und Stimmbürger sagen Nein zur Senkung des Umwandlungssatzes. Zuerst soll die Politik vor der eigenen Türe kehren, bevor sie mit Verzichtsforderungen an die Versicherten herantritt.

Das Volksverdikt macht Druck und trägt dazu bei, dass das Parlament schon zwei Wochen nach der Abstimmung die Strukturreform der beruflichen Vorsorge verabschiedet. Darin schraubt der Gesetzgeber erneut an den Transparenzanforderungen und versucht, eine stärkere Kontrolle der Verwaltungskosten zu installieren. Besonders die Aufteilung in allgemeine Verwaltung, Vermögensverwaltung, Brokergeschäft und Werbung soll künftig deutlicher ausgewiesen werden. Warum ist das wichtig? Weil es die Chance erhöht, dass wenigsten ansatzweise transparent wird, in welche Gefäße wie viel Versichertengeld fließt. Der Gesetzgeber gibt 2010 also zumindest zu, dass niemand weiß, wer eigentlich welche Summen aus dem Versichertenvermögen abschöpft.

Außerdem schafft das Parlament mit der Strukturreform eine neue Pensionskassen-Oberaufsichtskommission des Bundes (OAK BV) in Bern. Sie ist vom Bundesrat administrativ und finanziell unabhängig. Ihr Direktor wird der Jurist Manfred Hüsler. Oberaufsicht klingt gut, denn die Bezeichnung signalisiert Kraft und Durchsetzungsvermögen. Doch Manfred Hüsler verfügt nicht wie der Finma-Chef über 500 Angestellte. Hüsler leitet ein Team mit 28 Vollzeitstellen. Und auch die Kompetenzen der neuen Oberaufsicht sind von Anfang an beschränkt. Sie übt keine Direktaufsicht über die Vorsorgewerke aus. Das machen nämlich die kantonalen Aufsichtsbehörden. Die Oberaufsicht soll lediglich diese Behörden überwachen. Doch »überwachen« ist eigentlich nicht das richtige Wort. Denn die OAK BV kann nur allgemeine Weisungen erlassen, um schweizweit eine gewisse Einheitlichkeit in der Rechtsanwendung zu gewährleisten. In konkrete Fälle darf sie nicht intervenieren.

Wenn die Zentralschweizer BVG- und Stiftungsaufsicht dem Treiben einer Vorsorge-Holding wie der Schwyzer Tellco AG tatenlos zusieht, kann die OAK BV nichts tun. Sie kann auch nicht intervenieren, wenn eine kantonale Behörde wie die Aargauer Pensionskassenaufsicht jahrelang die Stiftungsräte der PK Phoenix attackiert. Weil das Parlament es ihr verbietet. Sozialversicherungsexperte Michael Meier, Rechtsanwalt und Oberassistent am Rechtswissenschaftlichen Institut der Universität Zürich, erklärt Anfang 2022 gegenüber *SonntagsBlick*: »Die OAK BV kann kantonale Aufsichten nicht sanktionieren. Das entspricht exakt dem vom Bundesgesetzgeber mit der Strukturreform bewusst gewählten System.«

Die Pensionskassen-Oberaufsicht des Bundes ist schwach. Die Überwachungsstrukturen hinken der Realität auf groteske Weise hinterher. Die Sammelstiftungen, die heute 75 Prozent aller Versicherten betreuen, sind rechtlich kaum erfasst. »Wir sehen eine Konzentration hin zu komplexen, milliardenschweren Gebilden«, sagt Hüsler gegenüber *SonntagsBlick*. »Mit dieser Entwicklung halten die Instrumente der Aufsicht nicht mehr Schritt.«

Die Lösung liegt auf der Hand: Die Finanzindustrie dominiert das Pensionskassenwesen. Das ist zwar eigentlich ein Sozialwerk, in der Realität ist es aber zu einem Finanzmarkt geworden. Und dafür gibt es in der Schweiz eine funktionierende starke Aufsichtsbehörde, die Finanzmarktaufsicht Finma. Sie kontrolliert die Finanzgeschäfte der Banken und Versicherungen. Warum überwacht diese Behörde nicht den gesamten Pensionskassenmarkt? Darauf gibt es keine Antwort, die sachlich begründbar wäre. Sie ist politischer Natur: Der Gesetzgeber will es nicht.

Das Parlament in Bern fürchtet eine starke Aufsicht über die Pensionskassen wie der Teufel das Weihwasser. »Wir brauchen nicht noch mehr Aufsicht«, sagt SVP-Ständerat Alex Kuprecht im Februar 2022 gegenüber SRF und *SonntagsBlick*. »Kein Markt ist so stark reguliert und überwacht wie der PK-Markt.« Kuprecht und die Oberaufsicht liegen sich schon lange in den Haaren. 2018 wollte der SVP-Ständerat in einer Interpellation wissen, ob die Oberaufsicht ihre gesetzlichen Kompetenzen überschreite. Die Oberaufsicht ist die Behörde, der Kuprecht als Präsident der großen Pensionskassen-Anlagestiftung Pensimo untersteht. Pensimo betreut Gelder von 46 Pensionskassen im Umfang von 3 Milliarden Franken.

Personalbestand der Aufsichten

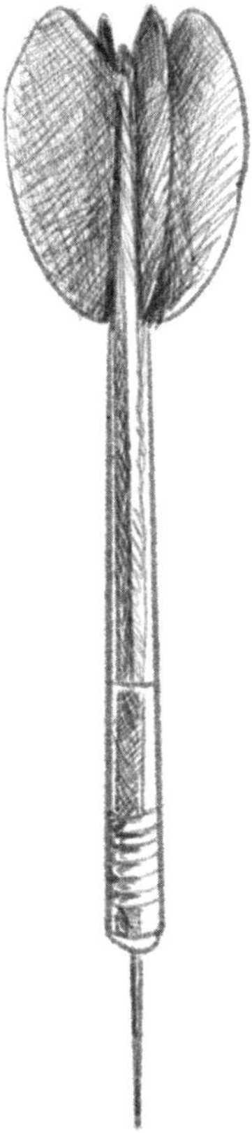

Quelle: OAK BV

Pensionskassen-Oberaufsicht
des Bundes (OAK BV)
28 Vollzeitstellen

Quelle: Finma

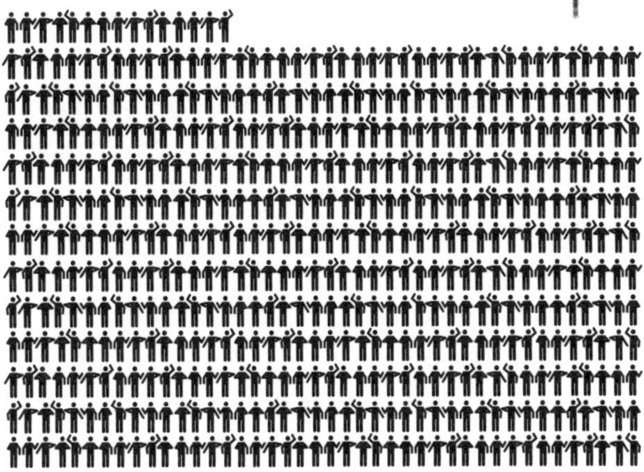

Eidgenössische Finanzmarktaufsicht (Finma)
519 Vollzeitstellen

Genau da liegt für SP-Nationalrätin Barbara Gysi das Problem, wie sie gegenüber *SonntagsBlick* sagt: »Zu viele rechte Politiker verdienen selber mit in diesem Markt.« Gysi setzt sich seit Jahren für wirkungsvollere Regulierungen ein: »Wir brauchen stärkere Instrumente für die Aufsicht. Doch die Lobby der Finanzindustrie im Parlament ist extrem stark.« Ihr Einfluss ist besonders im Ständerat unübersehbar. Wie Alex Kuprecht untersteht auch Mitte-Politiker Daniel Fässler der Pensionskassenaufsicht – als Stiftungsrat der Swiss Prime Anlagestiftung, die Vorsorgegelder in Höhe von 2,8 Milliarden Franken betreut. Im Ständerat setzt sich Fässler für eine stärkere Überwachung ein – allerdings nicht des Pensionskassenmarkts, sondern der Aufsicht.

Fässlers Partei- und Kammerkollege Erich Ettlin, Präsident der Sozialkommission SGK, sitzt im Verwaltungsrat des Versicherers CSS und ist Partner bei der Wirtschaftsprüfungsgesellschaft BDO, zu deren Dienstleistungen Revisionen für Pensionskassen gehören. 2016 verlangte er vom Bundesrat, Weisungen der Pensionskassen-Oberaufsicht an die Revisionsstellen zu unterbinden. Es sei sonst mit einem »massiven Eingriff in den Markt der Pensionskassenprüfung« zu rechnen, erklärte das Vorstandsmitglied von Expertsuisse, dem Verband der Wirtschaftsprüfer, Steuer- und Treuhandexperten.

Ständerat Josef Dittli (FDP) war von 2010 bis 2016 Präsident der Pensionskasse Uri, heute ist er Präsident der Freizügigkeitsstiftung der Liberty Vorsorge AG und der 3a Vorsorgestiftung. Peter Hegglin (Mitte) war von 2011 bis 2016 Präsident der Pensionskasse des Kantons Zug. Und Ruedi Noser (FDP) sitzt im Verwaltungsrat des Credit Suisse

Asset Management, zu dessen besten Kunden die Pensionskassen zählen.

Im Nationalrat gehört Thomas de Courten (SVP) zu den Hardlinern. »Es braucht keine neue Regulierung«, sagt der Verwaltungsrat der großen Pensionskasse Asga Anfang 2022 gegenüber *SonntagsBlick*. Geschäftsführer von Asga ist Sergio Bortolin, Präsident von Inter-Pension, dem Verband der Sammelstiftungen, der sich vehement gegen stärkere Kontrollen wehrt.

Die genannten sind noch nicht alle Parlamentarier mit Verbindungen zum PK-Markt. Die Situation ist hochproblematisch. »Solche Verzahnungen in einem Milizparlament finden sich auch in anderen Bereichen, etwa bei den Gewerkschaften und den Linken«, sagt Alex Kuprecht. »Da müssen wir uns nicht ein X für ein U vormachen.« Im Pensionskassenbereich führen solche Verzahnungen allerdings dazu, dass die Aufsicht über die Finanzindustrie nicht funktioniert. Die Leidtragenden sind die Versicherten, die jedes Jahr mehr Gebühren an Banken, Versicherungen und andere Finanzdienstleister bezahlen.

Doch im Bundeshaus ist der Tenor klar. Die Versicherten sollen den Gürtel enger schnallen – und nicht die Anbieter. Sie sollen weiter kräftig abkassieren dürfen. Wie die Broker zum Beispiel, die mit dem Aufkommen der Sammelstiftungen auch in diesem Bereich ihre Rolle gefunden haben. Sammelstiftungen sollen wachsen – und der Wettbewerb ist knallhart. Sie jagen sich gegenseitig Firmen ab, um ihre Versichertenbestände zu vergrößern. Dafür sind die Broker da. Diese Vermittler beraten Arbeitgeber, die eine Pensionskasse für ihr Unternehmen suchen.

Für die Broker ist das ein lukratives Geschäft. Sie verdienen insgesamt 300 Millionen Franken pro Jahr. Geld bekommen sie nicht nur beim Anschluss einer neuen Firma; es fließen auch noch jährliche Provisionen, die sich am Prämienvolumen oder am Vorsorgekapital bemessen. Die Rechnung bezahlen die Pensionskassen aus dem Vorsorgevermögen der Versicherten. Ein Viertel der gesamten Verwaltungskosten geht für Broker drauf, Tendenz steigend. Das System verleitet die Broker dazu, den Firmen die Pensionskassen zu empfehlen, die gerade die höchsten Provisionen zahlen. Verlierer sind wiederum die Versicherten.

Das sieht sogar der Pensionskassenverband Asip so: Provisionen seien verkehrt, weil der Auftraggeber nicht die zahlende Partei sei, sagt Asip-Präsident Hanspeter Konrad Anfang 2022 gegenüber *SonntagsBlick*. Das Problem erledige sich von selbst, wenn stattdessen der tatsächliche Aufwand der Broker in Form von Honoraren entschädigt werde – und zwar vom Arbeitgeber: »Das heutige Modell ist nicht im Interesse der Versicherten, nicht mit dem Vorsorgezweck vereinbar und somit vorsorgerechtlich nicht zulässig.« Warum machen die Pensionskassen dann trotzdem mit in diesem Spiel? »Sie sind Gefangene des Systems«, sagt Konrad. »Wenn sie wachsen wollen, sind sie zum Mitmachen gezwungen. Sonst haben sie im Wettbewerb keine Chance.«

Der Verband Schweizerischer Versicherungsbroker (Siba) widerspricht: »Fakt ist, dass die Offenlegung und Transparenz der Entschädigung im Zusammenhang mit der beruflichen Vorsorge gesetzlich sichergestellt ist.« Auch weiterhin solle die Entschädigung zwischen Kunde und Broker frei wählbar sein, sagt der Verband.

Innenminister Alain Berset hingegen findet das System problematisch und will das Gesetz eigentlich ändern. Die Arbeitgeber sollen die Broker bezahlen, und zwar mit einmaligen Honoraren statt regelmäßigen Provisionen. Doch Berset hat im Parlament keine Chance. Im Herbst 2021 lehnte der Ständerat die Gesetzesänderung ab, im Frühjahr 2022 tat es ihm der Nationalrat gleich. Über 2000 Broker tummeln sich schon auf dem Schweizer Pensionskassenmarkt. Die bürgerliche Mehrheit des Parlaments verteidigt ihr Geschäftsmodell. Die Provisionen fließen weiter.

Die Pensionskassenverbindungen ins Bundeshaus sind mächtig. Diese Politiker sorgen dafür, dass die Finanzindustrie weiter abkassieren kann – mit Gebühren für Broker, Administration, Buchhaltung, Vermögensverwaltung, Immobilienbewirtschaftung, Marketing, Werbung und weiteren Dienstleistungen. Und das Fest bezahlen die Versicherten. Das ist alles legal, kein Gesetz verbietet es. Weil die Volksvertreter in Bern es so haben wollen. Dafür streiten sie umso lauter um das Rentenalter und den Umwandlungssatz. Über Maßnahmen also, die nicht der Finanzindustrie, sondern den Versicherten an die Nieren gehen.

Rentnerflut: **AHV 21 und BVG 21**

Die obligatorische Alters- und Hinterlassenenversicherung (AHV) funktioniert nach dem Umlageprinzip. Die Einnahmen werden umgehend für die laufenden Renten ausgegeben, Erwerbstätige finanzieren Pensionierte. Im Jahr 2021 hat die AHV 48 Milliarden Franken eingenommen und

47 Milliarden Franken ausbezahlt. Die Rechnung ist noch einmal aufgegangen. Doch die fetten Jahre sind vorbei. Denn nun kommen die geburtenstarken Babyboomer ins Rentenalter, und die Lebenserwartung steigt.

Die Lösung dieser epochalen Herausforderung ist Aufgabe der Politik. Doch in dieser Frage gehen die Meinungen in Bundesbern weit auseinander, und die Positionen sind verhärtet. Die Rentnerinnen und Rentner sollen später in Pension gehen und weniger Rente bekommen, sagen die einen, die aktiven Beitragszahlerinnen und Beitragszahler müssen früher und mehr einzahlen, die anderen. Auch die Konsumsteuer wird bei jeder Gelegenheit bemüht: Das Allheilmittel einer Mehrwertsteuererhöhung scheint zur Rettung der Renten immer wieder aufs Neue unausweichlich. Und von links bis rechts tauchen Forderungen auf, Nationalbankgewinne in die AHV-Kasse umzuleiten.

Die durchschnittliche AHV-Rente beträgt 1800 Franken pro Monat. Das ist weit entfernt vom Existenzminimum von 3100 Franken, das diese Rente eigentlich garantieren soll. Doch wer mit der AHV das Lebensnotwendige nicht decken kann, erhält Ergänzungsleistungen und hat unter dem Strich mehr Geld als ein Sozialhilfeempfänger. Der gewohnte Lebensstandard kann so allerdings nicht aufrechterhalten werden.

Dafür ist die zweite Säule da, die mittlerweile 4,4 Millionen Versicherte umfasst. Die Zahl der BVG-Rentnerinnen und -Rentner ist kleiner als bei der AHV. Das ist vor allem deshalb so, weil sich viele Selbständigerwerbende nicht BVG-versichern lassen und rund 400 000 Personen jährlich ihr Alterskapital bei der Pensionierung auf einen Schlag be-

Bevölkerungswachstum

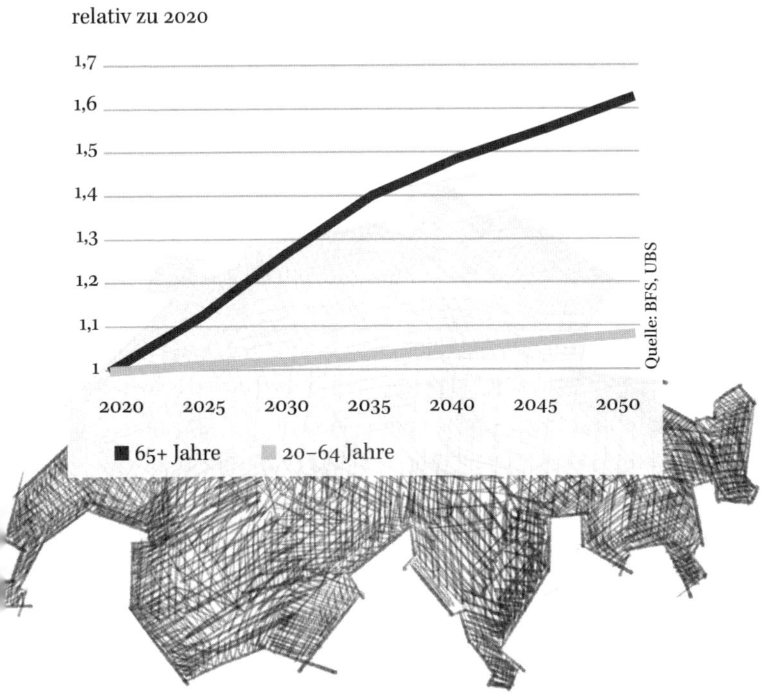

ziehen. Im Jahr 2020 haben 840 000 Personen insgesamt 24,5 Milliarden Franken BVG-Rente bezogen. Im Durchschnitt sind das 2400 Franken pro Person und Monat.

Finanziert wird die zweite Säule von den Arbeitnehmern und Arbeitgebern, die mittlerweile rund 70 Milliarden Franken pro Jahr einzahlen. Hinzu kommen die Kapitalerträge der Versichertengelder. Zusammen verwalten die insgesamt 1400 Pensionskassen im Land 1200 Milliarden Franken, die im Kapitaldeckungsverfahren die Renten der zweiten Säule abwerfen. Ein von der Politik definierter Prozentsatz des angesparten Alterskapitals wird nach der Pension als Rente ausbezahlt. Dieser Umwandlungssatz liegt aktuell bei 6,8 Prozent. 100 000 Franken Guthaben ergeben also 6800 Franken Rente pro Jahr.

Sowohl die AHV als auch die berufliche Vorsorge sind marode Systeme. Das ist insofern kein Wunder, als beide Säulen aus der Zeit gefallen sind. 1995 wurde die letzte AHV-Reform durchgeführt. 2017 wollte der Bundesrat mit dem umfassenden Reformprojekt Altersvorsorge 2020 den Reformstau endlich beheben. Die Vorlage sah eine Erhöhung der Mehrwertsteuer vor, eine Erhöhung des Rentenalters der Frauen von 64 auf 65 Jahre und eine schrittweise Senkung des Umwandlungssatzes. Doch die Regierung scheiterte, das Volk lehnte die Vorlage ab.

2019 nahm der Bundesrat mit der Reform AHV 21 einen neuen Anlauf. Wieder bilden eine Erhöhung der Mehrwertsteuer und die Erhöhung des Frauenrentenalters den Kern der Vorlage. Das Parlament segnet die Reform AHV 21 in der Wintersession 2021 ab. Doch Linke, Grüne und Gewerkschaften ergreifen Anfang 2022 das Referendum, denn für sie kommt die geplante Erhöhung des Frauenrentenalters – anders als fünf Jahre zuvor – nicht mehr infrage. Deshalb entscheidet das Volk im September 2022 an der Urne: Es sagt Ja zur AHV-Reform und stimmt der Erhöhung der Mehrwertsteuer um 0,4 Prozent zu.

Parallel zur AHV-Reform gleist der Bundesrat seit Herbst 2020 die Reform BVG 21 auf, die der Nationalrat im

Winter 2021 erstmals debattiert und nach der Erstberatung gutheißt. BVG 21 basiert auf einem Kompromiss, den Gewerkschaften und Arbeitgeber für die zweite Säule ausgehandelt haben. Das Kernelement ist wie schon 2017 der Umwandlungssatz. Geplant ist eine Senkung von 6,8 Prozent auf 6 Prozent, wobei die ersten 15 betroffenen Rentnerjahrgänge mit einem abgestuften Rentenzuschlag entschädigt werden sollen – finanziert aus den Pensionskassenreserven. Rund 40 Prozent der Rentnerinnen und Rentner würden von diesen Zuschlägen profitieren. Kostenpunkt: 9,1 Milliarden Franken.

Eine weitere Stellschraube setzt beim Koordinationsabzug an, der den versicherten Lohn bestimmt. Er beträgt derzeit 24 885 Franken. Nun soll er auf 12 548 Franken halbiert werden, was zu einer Erhöhung des versicherten Verdienstes führt. Das kommt insbesondere den Teilzeitarbeitenden zugute. Außerdem sollen die Erwerbstätigen bereits mit 20 statt wie bisher mit 25 Jahren in die zweite Säule einzahlen. Mit diesem Paket werden die Beiträge der Versicherten um 0,8 Lohnprozente steigen.

Doch obwohl der Nationalrat im Winter 2021 in der Erstberatung die Reform BVG 21 gutgeheißen hat, steht sie auf wackligen Füßen. Die Wahrscheinlichkeit ist hoch, dass nach AHV 21 auch BVG 21 an die Urne kommt. Der Widerstand kommt vor allem aus zwei Bevölkerungsgruppen. Viele Ältere wehren sich gegen Rentenkürzungen. Und viele Frauen betonen, dass sie im Verlauf ihres Erwerbslebens schon genug benachteiligt werden und heute bereits weniger Rente bekommen als die Männer. Sie sind deshalb zu keinen weiteren Zugeständnissen bereit. Beide Gruppen genießen die Unterstützung von Linken und Gewerkschaften. Aber haben sie auch recht?

Es stimmt, dass Frauen weniger Rente kriegen. Zwar sind die Unterschiede zwischen den Geschlechtern bei der AHV minimal, doch in der zweiten Säule tut sich eine Schere auf: Die durchschnittliche BVG-Rente eines Mannes beträgt 3000 Franken pro Monat, die einer Frau die Hälfte. Das liegt vor allem daran, dass Frauen viel häufiger flexibel arbeiten – als Selbständige, in Teilzeit oder auf Abruf. In der Schweiz erzielen 26 Prozent der Erwerbstätigen ihr Einkommen in einem flexiblen Arbeitsverhältnis; 63 Prozent davon sind Frauen. Jede dritte erwerbstätige Frau in der Schweiz hat also keine unbefristete Vollzeitstelle, sondern arbeitet als Flexworkerin.

Frauen stellen acht von zehn Teilzeitarbeitenden mit einem Pensum zwischen 20 und 49 Prozent. In Pensen unter 20 Prozent stellen Frauen 73 Prozent. Viele von ihnen gehen bei der Pensionskasse leer aus, weil ihr Jahresgehalt unter der gesetzlichen Schwelle von 24 885 Franken liegt. Das gilt auch für Mehrfacharbeitende, Personen, die mehrere Jobs haben, bei denen der Frauenanteil 62 Prozent beträgt. Die Gehälter der einzelnen Arbeitsverhältnisse werden zur Berechnung der BVG-Einzahlungen nämlich nicht zusammengezählt. Umso wichtiger ist die in der Reformvorlage angedachte Halbierung des Koordinationsabzugs. Dann liegt die Eintrittsschwelle nur noch bei 12 548 Franken. Noch besser wäre es, diese Schwelle ganz zu streichen, aber die Reform BVG 21 schlägt in dieser Hinsicht schon die richtige Richtung ein.

Teilzeitarbeit ist kein Argument gegen die Erhöhung

des Frauenrentenalters. Dass es auch bei einer Eintrittsschwelle von null Franken weniger BVG-Rente für Teilzeitarbeit gibt als für Vollzeitarbeit, lässt sich beim besten Willen nicht ändern. Und die Frage, warum Frauen mehr Teilzeit arbeiten und immer noch bis zu 10 Prozent weniger Lohn als Männer für die gleiche Arbeit erhalten, hat mit der Rentenreform nichts zu tun. Diese Ungleichheiten können nicht über die Rente ausgeglichen werden, genauso wenig wie die Frage der Kinderbetreuung, die der Staat endlich mit substanziellen Summen auch für Familien öffnen muss, die nicht im Geld schwimmen.

Und was ist mit den Rentnerinnen und Rentnern? Linke, Gewerkschaften und viele Bürgerliche werfen sich für sie in die Bresche und schirmen sie auf allen Flanken gegen Einbußen ab. Tatsache ist allerdings, dass im Jahr 2000 die Schweiz 1,5 Millionen AHV-Rentenempfänger hatte, zehn Jahre später 2 Millionen und 2021 2,5 Millionen. Die Schweiz hat immer mehr Rentnerinnen und Rentner, die immer älter werden. Das ist das fundamentale Problem unseres Vorsorgesystems. Doch je größer das Problem wird, desto schlechter stehen die Chancen, dass die Politik es löst. Die älteren Jahrgänge dominieren an der Urne immer mehr. 60 Prozent der Abstimmenden sind über fünfzig Jahre alt. Politiker wollen wiedergewählt werden. Das ist der zentrale Grund, warum die Schweiz sehenden Auges in ein Vorsorgedesaster läuft. Kein Politiker will als »Rentenklauer« gelten.

Schon seit den siebziger Jahren weist die Wissenschaft auf die Gefahr der demografischen Blase hin. Seit den neunziger Jahren ist sie auch in der Öffentlichkeit Thema. Unzählige Bundesräte und Parlamentarier verkünden seither in regelmäßigen Abständen, ihre Nachfolger würden um die Lösung des Problems nicht herumkommen. Sie warnen gerne, aber handeln nicht. Dabei wissen alle, dass die heutigen Rentnerinnen und Rentner mehr bekommen, als das System erlaubt. Dafür müssen diejenigen bezahlen, die jetzt ins Erwerbsleben treten. Auf sie kommt ein Tsunami zu. Von 2014 bis 2021 hat das Schweizer Pensionskassensystem 45 Milliarden Franken von den Jungen zu den Alten umverteilt, und es werden mit jedem Jahr mehr.

Nun soll der Umwandlungssatz von 6,8 Prozent auf 6 Prozent gesenkt werden. Das ist ein mathematisches Scheingefecht. Die Einsparungen, die diese Prozenthuberei bringt, sind ein Klacks im Vergleich zu den Milliardenverlusten, die die Schere zwischen sinkender Geburtenziffer und steigender Lebenserwartung anrichtet. Um die demografische Entwicklung realistisch aufzufangen, wäre bereits heute ein Umwandlungssatz von 4,5 Prozent nötig, und das noch ohne Kompensationen an über ein Dutzend Rentnerjahrgänge.

Das Kernproblem ist, das ganze System fußt auf einem fatalen Fehlschluss. Es funktioniert nur, wenn laufend mehr Beitragszahlerinnen und Beitragszahler hinzukommen. Die Politik tut so, als würden immer mehr Kinder geboren, die die Alten versorgen – obwohl sie weiß, dass das Gegenteil der Fall ist, dass die Geburtenziffer nämlich sinkt und die Lebenserwartung steigt. Bei der Einführung der AHV 1948 kamen auf 650 Erwerbstätige 100 Pensionierte; zur Jahrtausendwende standen 400 Erwerbstätigen 100 Pensionierten gegenüber, im Jahr 2020 sind es nur noch 330, und 2040 werden es gerade einmal 230 Erwerbstätige sein.

Das ist kein Geheimnis. Auch die älteren Stimmbürgerinnen und Stimmbürger wissen das. Und doch klammern sie sich mit Händen und Füßen an ihren Besitzstand. So haben sie bereits das Reformprojekt von 2017 zu Fall gebracht – wie das CO_2-Gesetz von 2021, das ebenfalls einen Verzicht zugunsten der kommenden Generationen von ihnen verlangt hätte. Solange das so bleibt, sind echte Systemveränderungen in der Vorsorge chancenlos. Denn jede wirksame Reform steht und fällt mit den Rentnerinnen und Rentnern, die bis heute ihre Schäfchen auf Kosten der Jüngeren ins Trockene bringen. Und kein Politiker hat den Mut, ihnen das zu sagen.

Doch die Fakten, über die Politiker nur ungern sprechen, erschüttern die finanzielle Basis der Vorsorgewerke mit einer solchen Wucht, dass das Schrauben an ein paar Prozentpunkten hinter dem Komma grotesk wirkt. 1990 liegt der Anteil Pensionierter an der Gesamtbevölkerung noch bei 17 Prozent, heute sind es über 19 Prozent. Die Menschen verbringen nicht mehr 20 Prozent ihres Lebens im Ruhestand, wie noch bei Einführung der AHV 1948, sondern 26 Prozent. Die Lebenserwartung liegt mittlerweile bei 88 Jahren. Und sie steigt stetig weiter – bei den Männern um vier Stunden und 54 Minuten täglich, bei den Frauen um drei Stunden und sechs Minuten.

Die Bevölkerung im Alter zwischen 20 und 64 Jahren nimmt gemäß demografischen Modellen bis zum Jahr 2060 um 10 Prozent zu. Die Bevölkerung im Alter über 65 Jahren wächst im selben Zeitraum um 80 Prozent; sie verdoppelt sich fast. Mit anderen Worten, die Schweiz wächst praktisch nur noch bei den Pensionierten. Wie das mit einem

Rentenalter von 65 Jahren zu stemmen sein soll, ist rational nicht zu erklären. Schon heute beziehen die Rentnerinnen und Rentner mehr Kapital als sie haben. Finanziert wird dieser Überschuss von den aktiven Versicherten.

Gegen diese Entwicklungen kommen Reformen wie AHV 21 und BVG 21 nicht an. Selbst mit der AHV 21 übersteigen die AHV-Ausgaben die Einnahmen bereits 2027. Der Bundesrat hat bereits den Auftrag erhalten, bis 2026 eine weitere Vorlage auszuarbeiten. Doch bedeuten schon die beiden Minireformen für die jüngeren Generationen eine massive Belastung, weil die Parlamentarier aus Angst vor den älteren Wählern große Kompensationen vorsehen, die das Rentenniveau der Übergangsgeneration sichern sollen. Fünfzehn Jahrgänge der BVG-Rentnerinnen und -Rentner erhalten satte Zuschläge für ein Ja zu den Reformen.

Diese Kompensationen bezahlen die aktiven Versicherten, allen voran die heute Zwanzigjährigen, die gemäß BVG 21 ab sofort Lohnbeiträge entrichten sollen und insgesamt die größte Mehrbelastung dieser Reform zu tragen haben. BVG 21 würde die Umverteilung um gerade einmal 0,4 Milliarden Franken reduzieren. Dem stehen 9,1 Milliarden Franken Rentenzuschläge gegenüber. Das heißt, bis BVG 21 amortisiert ist, vergehen 23 Jahre. Die Jungen werden künftig immer mehr Pensionierte über eine immer längere Dauer mitfinanzieren müssen: 2010 haben in der Schweiz 600 000 Personen eine BVG-Rente bezogen; heute sind es 840 000. Das ist ein Anstieg um 40 Prozent. Im selben Zeitraum ist zwar auch die Zahl der aktiven Versicherten gestiegen, aber nur um 20 Prozent.

Ist es unfair, den Rentnerinnen und Rentnern diese

Zahlen zu präsentieren? Schließlich haben sie hart für ihre Rente gearbeitet. Und was ist mit der Altersarmut? Bis in die sechziger Jahre waren die Rentnerinnen und Rentner tatsächlich die ärmste Bevölkerungsgruppe. Doch das hat sich radikal geändert. Heute verfügen sie gemäß Bundesamt für Statistik über die größten Vermögen. Jeder zweite Rentnerhaushalt besitzt eine Immobilie. Und jede zweite Immobilie in der Schweiz gehört Rentnerinnen und Rentnern. Wenn – korrekterweise – das gesamte Vermögen berücksichtigt wird, weisen Rentnerinnen und Rentner mittlerweile die tiefste Armutsquote im Land auf. Bei den 18- bis 64-Jährigen ist diese Quote doppelt so hoch wie bei den über 65-Jährigen. Am meisten betroffen von Armut sind heute junge Familien.

Junge Menschen haben es auch auf dem Arbeitsmarkt schwerer. Sie sind am häufigsten von Arbeitslosigkeit betroffen. Das sind nicht, wie oft vermutet, die über 50-Jährigen, deren Anteil an den Erwerbstätigen noch nie so hoch war wie heute. Es überrascht darum nicht, dass eine Umfrage des Bundesamts für Statistik folgende Ergebnisse präsentiert: 72 Prozent der über 65-Jährigen sind mit ihrer finanziellen Situation zufrieden bis sehr zufrieden. Bei den 18- bis 64-Jährigen sind es nur 54 Prozent.

Natürlich widersprechen diese Zahlen dem üblichen Bild der hart arbeitenden Babyboomer, die den Wohlstand der heutigen Schweiz aufgebaut haben. Doch diese Einschätzung ist zu einfach. Die Babyboomer, die nach dem Zweiten Weltkrieg geboren wurden, haben nicht mehr gearbeitet als ihre Vorgänger, sondern weniger. Die durchschnittliche Arbeitszeit ist seit den sechziger Jahren gesunken. Trotzdem haben sie in größerem Wohlstand gelebt. Woran liegt das?

Um 1800 kommen in der Schweiz noch fast fünf Kinder je Frau zur Welt. Der Mann arbeitet auf dem Hof oder im Betrieb, die Frau zieht den Nachwuchs groß und arbeitet, so gut sie kann, mit. Die Eltern übernehmen die Kosten für die Erziehung der Kinder, die sie aber schon früh als Hilfskräfte auf dem Hof einsetzen. Mit vierzehn Jahren sind die Kinder vollwertige Arbeitskräfte und tragen unentgeltlich zu einer erhöhten Produktion bei. Werden sie zu Hause nicht benötigt, schicken die Eltern sie auf den Nachbarhof und kassieren den Lohn dafür. Die Kinder liefern auch später Geld an die Eltern ab, wenn sie längst aus dem Haus sind, und versorgen die Eltern im Alter. Das macht den Nachwuchs zu einer attraktiven Investition.

Doch dann kommt der Staat und übernimmt immer mehr Funktionen. Statt zu Hause zu arbeiten, gehen die Kinder zur Schule. Und wenn sie erwachsen sind, müssen sie Steuern und Abgaben zahlen, um den wachsenden Sozialstaat zu finanzieren, der immer mehr Betreuungsaufgaben und ab 1948 auch die Altersversicherung übernimmt. Das Geld der Kinder geht deshalb nicht mehr an die Eltern, sondern an den Staat, der für seine Finanzierung darauf angewiesen ist. Die Kosten der Kindererziehung aber übernimmt er nicht. Was heißt das für die Eltern? Kinder sind ein emotionaler Gewinn, aber ein wirtschaftlicher Verlust.

Heute hat ein Ehepaar mit zwei Kindern im Durchschnitt eine Million Franken weniger auf dem Konto als eines ohne Kinder, wenn es in Rente geht. Wenn ein Ehepaar das ganze Leben zusammenbleibt, teilt es sich diesen

Nachteil. Doch bei einer Scheidung trägt der Elternteil, der die Kinderbetreuung übernimmt, auch die größere finanzielle Last. In der Mehrheit sind das nach wie vor die Frauen. Das ist allerdings im Kern kein Geschlechterproblem, sondern ein Familienproblem. Denn Single-Frauen und Single-Männer haben ungefähr gleich hohe Renten. Anders sieht das bei Eltern und insbesondere Alleinerziehenden aus. Sie müssen im Alter die größten Abstriche machen. Der Staat verschärft den ökonomischen Nachteil von Eltern weiter, wann immer er die Mehrwertsteuer zur Finanzierung der AHV erhöht. Das ist eine Konsumsteuer, das heißt, Familien müssen mehr von ihrem Einkommen abgeben als Kinderlose. Deshalb ist diese regressive Steuer nicht gerecht.

Kinder sind gut für den Sozialstaat, doch für die Eltern sind sie keine attraktive Investition mehr. Im Vergleich zu Kinderlosen bringen Eltern massive finanzielle Opfer, auch mit Blick auf ihren Ruhestand. Kinder bedeuten einen Verlust an Erwerbseinkommen und damit auch an Renteneinkommen. Auch diese Fakten sind nicht erst seit gestern bekannt. Schon die Babyboomer der Nachkriegszeit haben die Rechnung gemacht: Wenn Kinder zwar ein sozialer und emotionaler Gewinn, aber ein wirtschaftlicher Verlust sind, dann müssen es ja nicht drei sein; ein Kind reicht. Das ermöglicht außerdem der Frau, ebenfalls zu arbeiten. Statt einen Hundertprozentlohn, der sich auf fünf Köpfe verteilt, haben seit den siebziger Jahren immer mehr Familien 150 Prozent Einkommen für drei Köpfe. Es ist also kein Wunder, dass der Pro-Kopf-Wohlstand in der Schweiz seither kontinuierlich gestiegen ist.

Doch dieser Wohlstand hat eine Kehrseite. Nun kommen die wohlhabenden Babyboomer ins Pensionsalter und lassen sich ihre Rente von den wenigen Kindern finanzieren, die sie gezeugt haben. Für die Babyboomer geht die Rechnung auf. Sie haben Reichtum angehäuft und pochen auch nach der Pensionierung auf ihren Besitzstand. Doch ihr Wohlstand fußt auf ihrer tiefen Reproduktion. Und von den Kindern, die sie zur Welt gebracht haben, erwarten sie nun die besitzstandswahrende Finanzierung ihres Rentnerlebens.

Das widerspricht dem Verursacherprinzip. Es ist rational nicht zu begründen, warum dieses Prinzip nicht auch in der Altersvorsorge gelten soll. Ein Blick auf den AHV-Ausgleichsfonds zeigt die Dimensionen: Nach Berechnungen der UBS müsste die Geburtenrate in der Schweiz über die nächsten Jahrzehnte fünf Kinder pro Frau betragen, um den AHV-Fonds bis 2070 wieder ins Lot zu kriegen. Tatsächlich bringt eine Frau in der Schweiz heute durchschnittlich 1,5 Kinder zur Welt, mit sinkender Tendenz.

Linke und Gewerkschaften wenden ein, dass die Überalterung der Gesellschaft durch die Steigerung der Produktivität wettgemacht werde. Denn höhere Produktivität führe zu Lohnerhöhungen, was wiederum mehr Geld für die Altersvorsorge zur Folge habe. Allerdings ist höhere Produktivität in der Zukunft nicht garantiert – und schon gar nicht eine kontinuierliche und auch keine Erhöhung der Löhne, die sich entlang einer wachsenden Produktivität gleichmäßig entwickeln würde. Die Linken selbst beklagen nicht ohne Grund, dass die Löhne in den oberen Einkommensklassen seit Jahren proportional deutlich stärker wachsen als in den unteren. Sie machen durchaus zu Recht darauf aufmerksam, dass sich die Produktivitätsgewinne sehr ungleich verteilen. Damit ist aber auch gesagt, dass höhere Produktivität keineswegs sichere Renten für alle garantiert, schon gar nicht in der zweiten Säule.

Garantiert ist hingegen die demografische Entwicklung. Deshalb scheint die im Juli 2021 eingereichte Volksinitiative der Jungfreisinnigen, die eine rasche Erhöhung des Rentenalters von Männern und Frauen auf 66 Jahre fordert, zumindest prüfenswert. Die Linke lehnt diese Initiative ab und strebt sogar in die entgegengesetzte Richtung: Die im Mai 2021 vom Schweizerischen Gewerkschaftsbund (SGB) eingereichte Volksinitiative für eine 13. AHV-Rente will den älteren Jahrgängen noch mehr Geld zuschieben.

Nun, der SGB macht auch einen Finanzierungsvorschlag. Der Gewerkschaftsbund will die Gewinne der Schweizerischen Nationalbank (SNB) in die AHV-Kasse umleiten. Tatsächlich operiert die SNB in der Regel erfolgreich; 2021 hat sie 26 Milliarden Gewinn gemacht. Ein Teil dieser Gelder soll nach dem Willen des Gewerkschaftsbundes künftig in die AHV fließen. Anfang 2022 hat er eine entsprechende Initiative lanciert. In dieselbe Richtung zielt auch der bürgerliche Bund der Steuerzahler, ebenfalls mit einer Initiative, die SNB-Geld zu den Rentnerinnen und Rentnern umleiten will.

Doch der Wind kann schnell drehen, wie die SNB-Zahlen des ersten Halbjahres 2022 zeigen. Da notiert die Nationalbank einen Verlust von 95 Milliarden Franken. Vielleicht ist aber von größerer Bedeutung: Die SNB könnte genauso gut einen großen Klimafonds füllen oder kostenfreie Kinderkrippen finanzieren. Allerdings taugen Nationalbanken nicht als Retter auf Dauer. Seit der Finanzkrise von 2008 ist ihre Macht zwar massiv gestiegen, doch das vermittelt eine trügerische Sicherheit. Das zeigen die aktuellen weltwirtschaftlichen Verwerfungen, die Russlands Angriffskrieg gegen die Ukraine ausgelöst hat. Notenbanken sollen sich um Preisstabilität kümmern. Damit haben sie gerade heute mehr als genug zu tun. Ihre Verpolitisierung nützt vielleicht kurzzeitig einzelnen Politikern, aber nicht langfristig den Bürgern.

Das mehr als Ärgerliche an den geschilderten Finanzierungsproblemen ist die Tatsache, dass die Schweiz darüber zumindest im Bereich der zweiten Säule gar nicht diskutieren müsste, wenn die Finanzindustrie das Vermögen der beruflichen Vorsorge passiv angelegt hätte. Das ist umso schlimmer, weil die gesamtwirtschaftliche Lage keinen Grund zu Optimismus gibt. Der Krieg in der Ukraine hat die Energiepreise durch die Decke gehen lassen, die Inflation ist da, die Zinsen steigen, der Immobilienmarkt wankt. Und mittendrin stehen die Pensionskassen, das kranke Herz der Schweizer Wirtschaft.

Krankes Herz: **Die Pensionskassen und das Schweizer Wirtschaftssystem**

Seit 1998 haben sich die Häuserpreise in der Schweiz verdoppelt. Es war eine Riesenparty, befeuert durch die tiefen Zinsen. Doch 2022 herrscht Krieg in der Ukraine. Die Energiepreise schießen in die Höhe, die Inflation ist zurück. Und nun heben die Notenbanken die Zinsen. Das hat auch Folgen für den Schweizer Immobilienmarkt. Das 4,7 Billionen schwere Business gerät ins Trudeln.

Ein Blick zurück zeigt, was auf dem Spiel steht. Zwischen 1980 und 1990 haben sich die Immobilienpreise in der Schweiz schon einmal verdoppelt. Dann stiegen die Zinsen – und der Häusermarkt kollabierte. Der Crash riss die ganze Wirtschaft mit sich. Die Schweiz stürzte in eine schwere Rezession.

Diese Geschichte ist eine Warnung. Ganz besonders sollte sie es für die Schweizer Pensionskassen sein, die heute fast jede fünfte Renditeimmobilie im Land besitzen. Wenn diese Märkte zusammenfallen, büßen die Vorsorgeversicherten. Denn es ist ihr Geld, das dort drinsteckt. Deshalb müssen wir auch einen Blick auf den Immobilienmarkt werfen. Er birgt die nächste akute Bedrohung für die Pensionskassen.

Serge Aerne kennt beide Bereiche. Seit er die PK Phoenix verlassen hat, konzentriert er sich auf das Immobiliengeschäft. Er registriert die krisenhafte Entwicklung des Markts mit besonderer Vorsicht, weil sein Vater Christian Aerne in der letzten großen Schweizer Immobilienkrise eine zentrale Rolle spielte.

Trauma: **Die Wirtschaftskrise der neunziger Jahre**

Christian Aerne wächst in der Nachkriegszeit als viertes von zehn Kindern im Arbeiterquartier Zürich Schwamendingen auf. Er macht eine Maurerlehre, schafft es zum Vorarbeiter. Lernt seine Frau Pia kennen, heiratet und kriegt zwei Söhne. Aerne ist ehrgeizig. Er steigt zum Bauführer auf und gründet Ende der siebziger Jahre die Kunz Hochbau AG.

Der Zeitpunkt könnte nicht besser sein. Die Schweiz hat die Rezession überwunden. Die Nationalbank lockert die Geldpolitik, der Staat kurbelt mit Impulsprogrammen die Bauwirtschaft an. Der Häusermarkt blüht auf, erst recht, als der Bund 1985 die berufliche Vorsorge zur Pflicht aller Angestellten erklärt. Das BVG-Obligatorium spült in kurzer Zeit viel Geld in die Pensionskassen, das angelegt werden muss.

Im thurgauischen Felben-Wellhausen realisiert Aerne seine erste große Überbauung. Fortan bestehen seine Projekte aus drei Schritten: Er kauft Land, baut darauf Häuser und verkauft sie. Er hat Erfolg. Die Häuser schießen wie Pilze aus dem Boden.

1986 kauft sich Aerne mit seinem Geld das Grundstück der Küderlis am Sonnenhang in Regensdorf. Die Verkäuferfamilie trägt einen bekannten Namen. Die Küderli-Gruppe, einst der größte Bauzulieferer der Schweiz, ist Ende der siebziger Jahre mit 150 Millionen Franken Schulden in Konkurs gegangen. Aerne reißt das Küderli-Haus ab und errichtet seiner Familie eine Villa.

Das Anwesen wird schnell zu einem der prominentesten Häuser der Schweiz. Jeden Freitagabend ist großer Empfang bei Aernes. Hier planen Bankdirektoren, Konzernchefs, Verwaltungsräte und hohe Politiker die wirtschaftliche Zukunft der Schweiz. Und die sieht rosig aus, besonders für die Baubranche. Der Boom erreicht 1987 eine neue Dimension, als im Oktober die New Yorker Börse crasht. Weltweit reagieren die Notenbanken und drucken Geld. Aktien sind nicht mehr gefragt, jetzt wollen alle Häuser bauen.

Zusammen mit einem Geschäftsfreund gründet Aerne 1989 die Aerne, Schwarz und Partner AG (ASP) an der Pumpwerkstrasse in Regensdorf. Die ASP ist eine Holding. Die Dachgesellschaft umfasst ein Baugeschäft, eine Fliesenlegerfirma, eine Schreinerei. Rasch kommen Sanitäre, Küchenbauer, Zimmermänner, Elektriker, Dachdecker und weitere Firmen aus dem Baugewerbe dazu. So kann das Generalunternehmen sämtliche Dienste aus einer Hand anbieten. Die ASP steigt in kurzer Zeit zu den Großen in der Schweizer Baubranche auf. Die Holding umfasst Dutzende von Firmen und 400 Angestellte.

Die ASP wächst weiter, nimmt Kredit um Kredit auf. Denn für die Schweizer Banken, deren Margen wegen der tiefen Zinsen schrumpfen, gibt es kein Halten mehr. Sie werfen mit Geld nur so um sich. Sorgfaltspflicht, Vergabestandards, Risikoprüfung – alles scheint vergessen zu sein. Die Kreditvolumen wachsen massiv; seit Beginn der achtziger Jahre haben sie sich verdoppelt. Die Immobilienbranche verzeichnet zweistellige Renditen. 1989 machen die Bauinvestitionen in der Schweiz 14 Prozent des Bruttoinlandprodukts aus.

Das lockt Spekulanten an. Immobilienhändler aller Art drängen in den Markt. Die Konkurrenz ist massiv. In einer Anzeige in der *Neuen Zürcher Zeitung* warnt die ASP unter dem Titel »Gesucht: Der Umbau-Schwindler« vor der »Schnellverdiener-Masche« windiger Immobilienhaie, die billige Liegenschaften mit Pseudomarmor »Pinsel-renovieren« und anschließend überteuert verkaufen würden: »Und nach 2 Jahren darf von neuem renoviert werden, weil die 30jährigen Abflussrohre verrottet sind.« Die Firma ASP hingegen stehe für »grundsolide Immobiliengeschäfte«.

Doch die Geschäfte von ASP sind nicht solide. Wie viele andere greift auch die Holding von Aerne hemmungslos zu. Sie kauft eine Firma nach der anderen auf, finanziert von den Banken. Sie baut Einfamilienhäuser in Illnau, Doppel- und Mehrfamilienhäuser in Saland, renoviert Eigentumswohnungen im Zürcher Seefeld, entwickelt Liegenschaften in Elgg, Flawil, Sirnach und Möhlin – immer mehr und immer auf Pump.

Aber nicht nur ASP baut. Die ganze Schweiz wird zugepflastert. Allein im Kanton Tessin gibt es Ende der achtziger Jahre 600 Bauunternehmer. »Unter ihnen ist eine ungebremste Jagd um Aufträge im Gang, die fast zwangsläufig in Preistreibereien ausartet«, schreibt der *Tages-Anzeiger* im Februar 1989. Der Markt ist vollkommen überhitzt, und das Bundesamt für Statistik kündigt für das laufende Jahr eine weitere Steigerung der Bautätigkeit in der Schweiz an.

Die Preise für Einfamilienhäuser und Eigentumswohnungen haben sich seit 1980 verdoppelt. Doch die Banken warnen nicht. Sie sind überzeugt, dass es kein Risiko gebe, weil die Zinsen nicht steigen. Nationalbankpräsident Markus Lusser verkündet im Sommer 1989: »Die Immobilienpreise können einstweilen sicher nicht ins Bodenlose fallen.«

Doch noch im selben Jahr sorgt Lusser dafür, dass genau das passiert: Die Nationalbank erhöht die Zinsen. Es ist eine Panikreaktion, und sie ist pures Gift für den überhitzten Immobilienmarkt. Die steigenden Zinsen klemmen die Nachfrage sofort ab. Den Anbietern bricht der Absatz weg. Plötzlich sitzt auch Aerne auf Häusern, die niemand mehr kaufen will. Die Spirale beginnt sich zu drehen. Den höheren Zinskosten stehen sinkende Erträge gegenüber. Die Schulden steigen, die Werte der Liegenschaften stürzen in den Keller.

Die ASP versucht verzweifelt, ihre Häuser zu veräußern, inseriert in den Zeitungen, senkt die offerierten Preise immer weiter. Bis Sommer 1991 fallen die Immobilienpreise schweizweit um bis zu 30 Prozent. Doch die ASP wird ihre Häuser auch so nicht mehr los. Die Gläubiger warten auf ihre Zinsen, die Handwerker auf die Bezahlung der Rechnungen. Unsicherheit macht sich breit, daraus wird Angst. Die Banken, die sich eben noch vor Euphorie kaum halten konnten, klopfen bei Aerne an, wollen ihr Geld zurück.

Die Krise trifft die Immobilienbranche, das Baugewerbe, die Banken, die Pensionskassen, schließlich die ganze Schweizer Wirtschaft. Unternehmen schließen, Angestellte verlieren ihre Stelle. Doch das alles passiert nicht über Nacht, und vieles geschieht hinter den Kulissen. Das wahre Ausmaß des Zusammenbruchs dringt nur langsam ins öffentliche Bewusstsein. Die Firmen und die Banken hüten sich, ohne Not irgendwelche Schwierigkeiten zuzugeben.

So feiert auch die Spar- und Leihkasse Thun (SLK) noch im Mai 1991 mit großem Pomp ihr 125-jähriges Bestehen. Tausend Gäste sind geladen. Die Aktionäre freuen sich über 15 Prozent Dividende, die Kunden über ihr strahlendes Traditionshaus. Die ganze Stadt jubelt mit. Fünf Monate später verkündet die Regionalbank ihren Kleinsparern: Euer Geld ist dahin, wir machen dicht.

Wut und Verzweiflung machen sich breit. Die Kunden stürmen zur Bank, doch die Schalter bleiben zu. Ein Mann stirbt vor den verschlossenen SLK-Toren an einem Herzinfarkt. Bankpräsident Heinrich Hoffmann erklärt seinen verstörten Kunden, man habe eine Marktnische im Immobiliensektor erkannt und stark darauf gesetzt. Doch das ist Schönfärberei. Die Bank hat sich verzockt, und jetzt ertrinkt sie in faulen Krediten. Die SLK bricht zusammen. 220 Millionen Franken Vermögen werden zerstört. Direktor Herbert Wäger erklärt, er sei »verzweifelt und wütend« über die »unnötig« zerstörten Werte. Das soll wohl heißen: Schuld sind andere.

Christian Aerne ist einer davon. Die SLK hat ihm Hypotheken im Umfang von 100 Millionen Franken gegeben, die er nicht mehr bedienen kann. Das ist der entscheidende Grund für das Fiasko von Thun. Auch die Volksbank und die Zürcher Kantonalbank müssen Kredite fahren lassen, die sie Aerne gegeben haben. Noch härter trifft es die Berner Kantonalbank, die Hausbank der ASP. Sie hat nicht nur der Holding, sondern auch dem Finanzspekulanten Werner K. Rey Millionen bewilligt. Die Berner Steuerzahlerinnen und Steuerzahler müssen mit 3000 Franken pro Kopf für eine Milliardensanierung aufkommen.

Langsam dämmert es den Eidgenossen. »Der Markt ist weitgehend tot«, verkündet Hanspeter Götte, Direktor des Schweizerischen Hauseigentümerverbands. Die Eigenheimbesitzer werden von der Zinslast erdrückt, die Betreibungsämter sind mit den Zwangsverwaltungen überfordert. Renditeliegenschaften veröden. Ende 1991 stehen in der Schweiz rund zwei Millionen Quadratmeter Büro- und Gewerbeflächen leer. Baufirmen machen dicht. Große Immobiliengesellschaften verabschieden sich mit Schulden in dreistelliger Millionenhöhe in den Konkurs.

Zu den großen Verlierern der Immobilienkrise gehört auch der Oltner Baulöwe Albert Heer. Der Wert seiner Immobilien sackt massiv ab, der Schuldenberg türmt sich auf mehrere Hundert Millionen. Doch Heer hat nicht nur Häuser. Er hat auch die Sammelstiftungen Vera und Pevos gegründet. Sie betreuen Vorsorgegelder von 200 Unternehmen.

Die Situation ist eine Katastrophe für die 4000 Versicherten. Die Pensionskassen sind über Heers Anlagestiftungen so eng mit dessen marodem Immobilienimperium verflochten, dass sic mit in den Abgrund stürzen. Zurück bleibt ein Loch von 200 Millionen Franken. Der BVG-Sicherheitsfonds muss schließlich mit 72 Millionen Franken einspringen – bezahlt von den Schweizer Vorsorgeversicherten. Das ist wohl der bislang größte Pensionskassenskandal in der Schweiz.

Sämtliche involvierten Stellen haben versagt. Die Wirtschaftsprüfer von Heers Stiftungen sahen dem Treiben jahrelang zu, ohne etwas zu monieren. Die Zürich-Versicherung finanzierte das fatale Konstrukt des Spekulanten mit Darlehen mit und kassierte dafür viel Zinsen. Und auch der Staat hat eine Mitverantwortung. Denn die Verordnung über die berufliche Vorsorge erlaubt den Pensionskassen, bis zu 30 Prozent ihrer Gelder in Immobilien zu investieren. In einer Boomphase plustert das die Geschäftsberichte auf. Doch wenn die Liegenschaftswerte zusammenbrechen, ist das Geld weg.

Natürlich gibt es eine Pensionskassenaufsicht, die Akteuren wie Albert Heer auf die Finger schauen müsste. Aber die Aufsicht des Kantons Bern ist heillos überfordert. Heer kann bis zum bitteren Ende schalten und walten, wie er will, ohne je behelligt zu werden. Der BVG-Sicherheitsfonds wird die Schweizerische Eidgenossenschaft später auf über 60 Millionen Franken Schadenersatz verklagen, weil das zuständige Bundesamt für Sozialversicherungen (BSV) seine Aufsichtspflicht verletzt habe. Doch das Bundesgericht stellt sich schützend vor das BSV und lehnt die Klage ab.

Im Jahr 2000 legt Christoph Degen, Co-Liquidator der

Heer-Stiftungen, die zentralen Merkmale des desaströsen Konstrukts offen: Alfred Heer habe die Stiftungsräte selbst bestellt und sie mit viel Geld und lukrativen Bauaufträgen bei der Stange gehalten. Die Stiftungsräte hätten sich von vorsorgefremden Interessen leiten lassen. Die Heer-Gruppe wiederum habe hohe Managementgebühren kassiert. Und die Versicherten hätten keine Ahnung gehabt, was mit ihrem Geld geschieht. Auch an der Zürich-Versicherung lässt der Liquidator kein gutes Haar. Sie habe Heers Geldmaschinerie zwei Jahrzehnte lang gefüttert. Denn sie habe ihm nicht nur Darlehen gegeben und aggressiv neue Mitglieder angelockt, sondern sei mit ihren Vertretern im Stiftungsrat und eigenen Kaderleuten in Kontrollpositionen auch aktiv in das Debakel involviert gewesen.

Doch Degens Worte verhallen. Sammelstiftungen kommen zur Jahrtausendwende erst allmählich auf. Und der Wandel der einst einflussreichen Stiftungsräte zu Marionetten der Finanzindustrie ist erst in Umrissen erkennbar. Der Einfluss der Finanzindustrie durchdringt noch nicht die Stiftungen. Die meisten Versicherten glauben noch, dass ihr Vermögen zu ihrem Wohl verwaltet werde. Ihre Ohnmacht, aber auch die der Pensionskassenaufsicht, wird sich erst zeigen. Und die gefährliche Verknüpfung der Vorsorgeeinrichtungen mit dem Immobilienmarkt interessiert zu Beginn der Nullerjahre ohnehin niemanden, denn die Immobilienpreise steigen wieder kräftig. Alles scheint wieder in Ordnung zu sein; Alfred Heer ist Geschichte, ein Einzelfall. Niemand erkennt das Desaster des Oltner Baulöwen als Vorboten dessen, was den Versicherten im 21. Jahrhundert blüht.

1991 aber dreht die Schweizer Finanzindustrie noch im Krisenmodus. Die Banken sitzen auf ausstehenden Hypothekarkrediten im Umfang von über 400 Milliarden Franken – 1,3-mal so viel wie das BIP. Das ist Weltrekord. Die Belehnungen seien »ein äusserst heisses Eisen«, gibt ein hochrangiger Banker gegenüber der Zeitung *Cash* zu Protokoll. Zwischen den Finanzinstituten zirkulieren schwarze Listen gefährdeter Bau- und Immobilienfirmen. Trotzdem will Kurt Hauri, Direktor des Sekretariats der Eidgenössischen Bankenkommission, von einer Krise nichts wissen: »Ich kann nach wie vor gut schlafen«, erklärt er der verunsicherten Öffentlichkeit. Aber was ist mit den diversen Firmen, die bereits kapituliert haben und die Banken zu großen Abschreibungen zwingen? »Einzelfälle«, sagt Charles Stettler, Direktor der Zürcher Kantonalbank (ZKB).

Nur drei Monate später gibt Stettlers Kantonalbank bekannt, dass sich ihr Rückstellungsbedarf mit 200 Millionen Franken im Jahr 1991 verdoppelt hat. Der Großteil davon hängt an gefährdeten Immobilienkrediten. Das größte Schweizer Finanzinstitut, die Bankgesellschaft, verkündet einen Anstieg der Rückstellungen und Abschreibungen um 30 Prozent; beim Bankverein sind es gar 70 Prozent. In einer Umfrage des Lausanner Meinungsforschungsinstituts MIS-Trend machen drei Viertel der Befragten die Hypozinspolitik der Banken für die Immobilienkrise verantwortlich. Das Vertrauen in den Schweizer Finanzplatz schwindet.

Bis 1996 schreiben die Banken insgesamt 42 Milliarden Franken ab. Das sind 10 Prozent der Wirtschaftsleistung. Die Großbanken, die selbst wanken, müssen Dutzende von

Regionalbanken übernehmen, um sie vor dem Untergang zu retten. 218 von 631 Geldhäusern verschwinden von der Bildfläche, darunter auch die stolze Volksbank, die von der Credit Suisse übernommen wird. Immerhin retten die Fusionen Tausenden Angestellten den Job. Nur die Thuner Spar- und Leihkasse mit ihren 70 Mitarbeitern will niemand übernehmen. Sie wird zum traurigen Symbol des Schweizer Immobilien-Crashs. Die Bilder ihres Zusammenbruchs gehen um die Welt.

1996 tritt Markus Lusser ab, der SNB-Präsident, der 1989 den folgenreichen Zinsentscheid fällte. Die Linken nennen ihn »Jobkiller der Nation«. Sein Nachfolger Hans Meyer öffnet die Geldschleusen wieder, die Wirtschaft erholt sich langsam. Die Schweiz hat das Schlimmste überstanden.

Die ASP liegt am Boden. Die Überschuldung der Firma beträgt über 200 Millionen Franken. Christian Aerne muss sein Immobilienimperium abwickeln. 1997 geht die ASP in Konkurs. Aernes Sohn Serge erlebt den Aufstieg und Fall seines Vaters bewusst mit. Heute ist Serge Aerne selbst im Immobilienmarkt tätig. Und genau dort entscheidet sich schon bald das Schicksal der Schweizer Pensionskassen.

Lawine: **Die Pensionskassen und der nächste Immobilien-Crash**

1998 ziehen die Häuserpreise in der Schweiz erstmals wieder an. Und sie steigen stetig, angetrieben von den sinkenden Zinsen, die nach der Finanzkrise von 2008 sogar ins Negative fallen. Der Immobilienmarkt boomt. 2021 steigen die Häuserpreise um 6 Prozent. Seit 1998 haben sie sich verdoppelt. Heute kostet ein zehnjähriges Haus mit 140 Quadratmetern in Bern 1,5 Millionen Franken, in Lausanne fast 2 Millionen, in Zürich 2,5 Millionen und in Genf 3 Millionen Franken. Wer ein zehnjähriges Häuschen in der Rhonestadt kaufen will, muss eine halbe Million Franken Eigenmittel aufbringen und das Gehalt eines Bundesrats, 450 000 Franken, vorweisen.

Der Boom hat 24 Jahre gedauert – jetzt endet er. Der Krieg in der Ukraine reißt die Lieferketten auseinander und treibt die Energiepreise in die Höhe. Im Sommer 2022 liegt die Inflation in den USA und Europa bei 9 Prozent; in der Schweiz sind es über 3 Prozent. Weltweit ziehen die Währungshüter die Schraube an. Auch die Schweizerische Nationalbank reagiert und drückt die Zinsen in zwei Schritten von minus 0,75 in den positiven Bereich von 0,5 Prozent. Es ist der erste Zinsanstieg in der Schweiz seit 2007, und es werden weitere folgen.

Die Zeit des Gratisgeldes ist vorbei. Ein Jahrzehnt lang haben die Zentralbanken die Märkte geflutet und so die Aktien- und Immobilienpreise immer weiter nach oben getrieben. Jetzt dreht der Wind. Im ersten Quartal 2022 sind die Häuserpreise in der Schweiz bereits um 0,4 Prozent gesunken, doch das ist nur der Anfang. »Es ist eine Zeitenwende für den Immobilienmarkt«, sagt Donato Scognamiglio, Chef der Immobilienberatungsfirma IAZI, im Juni 2022 gegenüber *SonntagsBlick*. »Da donnert eine Lawine ins Tal.«

2021 kostet eine zehnjährige Festhypothek in der Schweiz noch 1 Prozent. Im April 2022 sind es schon 2 Prozent, Anfang Juni klettern die festen Hypotheken auf 3 Prozent. Viele Hausbesitzer steigen auf kurzfristige Hypotheken um, deren variabler Zins täglich neu berechnet wird und der sich eng am Leitzins orientiert. Doch auch in diesem Bereich wird es eng. Steigen die Zinsen weiter, klettern auch die kurzfristigen Hypotheken auf über 3 Prozent.

Das ist ein Problem. Die Nationalbank geht davon aus, dass bei Hypothekarzinsen ab 3 Prozent jeder fünfte Eigenheimbesitzer die Tragbarkeitsregeln nicht mehr erfüllt, weil die Wohnkosten ein Drittel des Einkommens übersteigen. Im schlimmsten Fall verlieren so 20 Prozent der Hausbesitzer ihre Immobilie. Das betrifft rund 600 000 Personen. Hinzu kommt die Gefahr sinkender Häuserpreise, die Eigentümer ziemlich schnell in eine ungemütliche Lage bringen können. Wer zum Beispiel eine Hypothek von 800 000 Franken für ein Objekt im Wert von einer Million Franken aufgenommen hat, muss bei einer Wertminderung von 10 Prozent 80 000 Franken nachschießen, damit die maximal zulässige Belehnung von 80 Prozent wieder erfüllt ist. Dieses Geld hat nicht jeder auf der hohen Kante.

Noch stärker sind allerdings die Renditeliegenschaften betroffen. Sie reagieren äußerst sensibel auf Zinsbewegungen. Denn wenn die Zinsen steigen, müssen auch die Renditen nach oben klettern. Das heißt, die Mieten müssen rauf. Doch der Referenzzinssatz ist träge. Und schon heute springt für viele Vermieter kaum mehr etwas raus, weil sie die Immobilien zu völlig überteuerten Preisen gekauft haben. Wenn nun Obligationen wieder Zinsen generieren, die mehr abwerfen als die Mieten teurer Häuser, kommt der Markt der Renditeliegenschaften weiter unter Druck; die Nachfrage sinkt, die Preise fallen.

Diese Trendwende ist nicht harmlos. Im Schweizer Immobilienmarkt stecken 4,7 Billionen Franken von Banken, Versicherungen, Pensionskassen und von Eigenheimbesitzern, die einen großen Teil ihres Vermögens in ihre Häuser investieren. In der Regel sind das 20 Prozent des Kaufpreises. Häufig kommt ein Teil davon, dank der Wohneigentumsförderung (WEF), aus der Pensionskasse. Die WEF hat der Staat Mitte der neunziger Jahre ins Leben gerufen, um den darniederliegenden Immobilienmarkt wieder anzukurbeln. Das hat funktioniert. Die Folge ist allerdings, dass das Pensionskassengeld der Hauseigentümer bei der nächsten Immobilienkrise in Gefahr ist.

80 Prozent des Geldes, das in den Schweizer Häusern steckt, sind Hypothekarkredite. Und die sind nirgends so groß wie in der Schweiz: Sie betragen hierzulande insgesamt eine Billion Franken. Dieser riesige Schuldenberg ist nicht zuletzt das Resultat staatlicher Steuerpolitik, die Schuldzinsen abzugsfähig gemacht hat. Kein Hausbesitzer hat deshalb auch nur den geringsten Anreiz, seine Hypothek zurückzuzahlen.

Die Krise betrifft nicht nur die Schweiz. Seit Anfang 2022 sind die globalen Immobilienaktien um 20 Prozent gesunken. In der Schweiz zeigt sich die Branche allerdings offiziell ungerührt. Die Party läuft noch. Die Akteure wollen so viel Geld wie möglich machen. Sie sind daran gewöhnt. Viele von ihnen kennen seit Beginn ihres Berufslebens nur eine Preisrichtung, die nach oben. Dabei wäre es klug, nach vorne zu schauen. Wer vom obersten Deck der Titanic zum Horizont blickt, sieht die Spitze des Eisbergs schon. Ihn rechtzeitig zu erkennen, ist im Immobilienmarkt entscheidend. Nirgends ist eine realistische Risikoeinschätzung wichtiger. Zwar gibt es in der Finanzwelt diverse Möglichkeiten, sich gegen Preiskorrekturen abzusichern, aber im Immobilienbereich gibt es diesen Blitzableiter nicht.

Geschichtsvergessenheit ist im Häusermarkt besonders gefährlich. Serge Aernes Vater hat in den achtziger Jahren Kredite über Kredite aufgenommen. Als die Blase platzte, konnte er sie nicht mehr bedienen. »Nimm nur so viel Fremdkapital, wie du unternehmerisch verkraften kannst«, sagt der Sohn heute. Deshalb beträgt die Fremdkapitalquote in seinen Immobilienportfolios nicht mehr als 60 Prozent. Auch beim Kauf von Bauland plädiert Aerne angesichts der aktuellen Kehrtwende zu Vorsicht. »Es muss sich zwingend rechnen. Jetzt ist wirklich nicht die Zeit für Träumereien.«

Die 60 Prozent Mieter im Land könnten dieser Entwicklung eigentlich relativ gelassen zusehen. Denn der Maßstab für die Mieten ist der sogenannte Referenzzinssatz, der sich an den Zinssätzen der inländischen Hypothekarkredite von Schweizer Banken orientiert. Dieser Referenzzinssatz wird zwar steigen und mit ihm in zwei oder drei Jahren auch der Mietzins. Doch heute ist Mieten nach über einem Jahrzehnt erstmals wieder billiger als Wohnen im Eigenheim – und höchstwahrscheinlich auch sicherer.

Doch diese Sichtweise blendet eine viel größere Gefahr aus, die Mieter und Eigentümer gleichermaßen bedroht. Dass viele sie nicht sehen, ist für unsere Gesellschaft symptomatisch. Denn es geht um einen Bereich, den die meisten kaum im Blick haben: ihr Geld in der zweiten Säule. Für viele ist es sogar der größte Teil ihres Vermögens. Und dieses Geld ist von der Zinserhöhung unmittelbar betroffen. Pensionskassengeld ist durchschnittlich zu 30 Prozent in Aktien und zu 20 Prozent in Häusern angelegt. Die Hälfte der Gelder in der zweiten Säule steckt in Märkten, die gerade sehr unruhig werden.

Im Gegensatz zu den Immobilienmärkten haben die Börsen in Sekundenschnelle auf die Zinserhöhungen der Nationalbanken reagiert, auch in der Schweiz. Denn höhere Zinsen machen Obligationen wieder attraktiver; sie sind weniger risikoreich als Aktien und geben einen festen Zins. Wenn dieser Zins wieder im positiven Bereich liegt, schichten viele Anleger ihre Portfolios um: Der Aktienanteil sinkt, der Anleihenanteil steigt. Mit der Folge, dass der Aktienboom endet.

Was hat das mit der zweiten Säule zu tun, in der 4,4 Millionen Versicherte über 1200 Milliarden Franken haben? Die hiesigen Pensionskassen besitzen 9 Prozent der börsenkotierten Aktien in der Schweiz und fast jede fünfte Renditeimmobilie im Land. Das war nicht immer so. Doch in den letzten Jahren haben die Vorsorgeeinrichtungen immer mehr Aktien und immer mehr Renditeobjekte gekauft. Sie sind an die Grenzen gegangen, weil Obligationen keinen Zins mehr abgeworfen haben. So ist ihr Anteil am Schweizer Aktienmarkt in den letzten zehn Jahren um 300 Prozent gestiegen; im Immobilienmarkt hat er sich verdoppelt. Nun sei der Moment gekommen, die Immobilienstrategie zu überdenken, sagt Serge Aerne: »Viele Pensionskassen erhoffen sich auch jetzt noch weitere Preissteigerungen der Immobilien. Dabei verlieren sie den Fokus auf das Wesentliche, und das sind die Mieteinnahmen.« Ein teures Objekt an der Zürcher Bahnhofstrasse bringe nichts, wenn die Rendite unter 2 Prozent liege, sagt Aerne. »Das ist pure Spekulation auf Kosten der Versicherten.«

Heute besitzen die Pensionskassen Schweizer Aktien im Wert von 107 Milliarden Franken und Aktien aus dem Rest der Welt im Wert von 221 Milliarden Franken. 136 Milliarden stecken in Schweizer Obligationen, 177 Milliarden in ausländischen Anleihen; 28 Milliarden liegen in ausländischen Immobilien, 188 Milliarden in Schweizer Häusern. Doch damit nicht genug, Pensionskassen sind auch große Hypothekenanbieter. Im Jahr 2022 schulden ihnen Schweizer Hypothekarnehmer 24 Milliarden Franken.

Was bedeutet das, wenn die Lawine kommt? Pensionskassen verlieren auf den Aktienmärkten. Der Wert ihrer Renditeobjekte sinkt. Und sie bleiben auf Hypotheken sitzen, die nicht mehr bezahlt werden können. Also wollen sie die Aktien abstoßen und die Häuser verkaufen. Doch das funktioniert dann nicht mehr. Gleichzeitig mit den Pensionskassen möchten auch viele andere Akteure ihre Wertpapiere abstoßen. Die Folge ist, die Papiere verlieren weiter an Wert. Noch übler sieht es mit den Immobilien aus: Pensionskassen können ihre Immobilien nicht einfach in einem Monat verkaufen. Häufig brauchen sie dafür ein Jahr oder länger. Doch was kriegen sie dann noch dafür?

Die Pensionskassen besitzen fast jede zehnte Aktie in der Schweiz. Zu den Schwergewichten an der Schweizer Börse gehören neben Lebensmittel- und Pharmariesen wie Néstle oder Novartis vor allem Banken und Versicherungen: UBS, Credit Suisse, Swiss Life, AXA. Diese Konzerne aber sind selbst große Hypothekenanbieter. Rund 30 Prozent ihrer Aktiven sind Hypothekarkredite; bei inlandorientierten, vor allem auf dem Kreditmarkt tätigen Geldhäusern sind es 70 Prozent. In der Immobilienkrise der neunziger Jahre mussten die Banken 42 Milliarden Franken abschreiben – 10 Prozent des BIP. Wie viele Milliarden werden es, wenn der nächste Crash kommt?

Die offenen Immobilienkredite in unserem Land belaufen sich auf über 1000 Milliarden Franken. Verantwortlich dafür ist nicht zuletzt der Staat, der mit seiner Steuerpolitik Hypothekarschulden auch noch attraktiv macht. Doch wenn die Zinsen steigen, die Häuserpreise fallen und die Schuldner nicht mehr zahlen können, bleiben die Anbieter, wie zum Beispiel die Banken, auf den Hypothekarkrediten sitzen – genau wie in den neunziger Jahren. Dann sinken aber auch ihre Aktien, in die die Pensionskassen investiert haben.

Die Vorsorgeeinrichtungen verlieren also mit dem Steigen der Zinsen dreimal Geld: auf dem Immobilienmarkt, an der Börse und bei den Hypotheken. Es sind allerdings nicht die Vorsorgeeinrichtungen selbst, die Verwaltungsfirmen, die Makler, die Marketingfachleute, die Finanzunternehmen, die dieses Geld verlieren, obwohl sie für die Anlageform verantwortlich sind. Denn das Geld gehört ihnen ja nicht. Es ist das Geld der Versicherten.

Beim Bund stehen die Zeichen offenbar auf Sturm. Die Pensionskassen-Oberaufsicht hat Ende Juli 2022 ihre erste Warnung verschickt. Die finanzielle Lage der Pensionskassen habe sich im ersten Halbjahr 2022 »signifikant« verschlechtert. Die Aufsicht konstatiert Einbrüche in praktisch allen Anlagekategorien. Bei den Aktien sind es minus 17,4 Prozent, bei den Immobilien minus 9,5 Prozent. Insgesamt ist die Rendite der Pensionskassen auf minus 12,3 Prozent eingebrochen. Ihr Deckungsgrad ist laut den Hochrechnungen der Oberaufsicht von 118,5 Prozent Anfang des Jahres auf 103,4 Prozent geschrumpft.

Wenn es zum Crash kommt, trifft es die Pensionskassen mit besonderer Härte. Anders als bei Aktiengesellschaften, die ihre Wertanlagen buchhalterisch gemäß Obligationenrecht erfassen und diese darum dem Einstandspreis entsprechend in der Buchhaltung bewerten, müssen die Wertanlagen der Schweizer Pensionskassen jedes Jahr neu bewertet werden. Wenn die Zinsen weiter steigen und die Immobilienpreise fallen, hagelt es bei den Pensionskassen Wertberichtigungen. Es kommt zu Abschreibungen. Wenn die Pensionskassen aber schließlich Häuser abstoßen und auf den Markt werfen, fliegt ihnen kurz darauf der Bumerang um die Ohren. Dann fallen die Häuserpreise noch stärker, was wiederum zu Wertberichtigungen auf den Immobilien führt, die die Vorsorgeeinrichtungen noch besitzen.

Wäre das Vorsorgegeld in einer solchen Situation sicherer, wenn es passiv angelegt wäre? Auf dem Höhepunkt der Krise wäre das nicht der Fall. Wahrscheinlich wäre die Differenz zu aktiven Anlagestrategien sogar negativ. Das war sie auch in der Dotcom-Krise 2002 und in der großen Finanzkrise 2008. Aber das war sie nur in diesen beiden Jahren. Vorher und danach hätte passives Anlegen mit einem höheren Aktienanteil dafür gesorgt, dass die Pensionskassen mit ein paar Hundert Milliarden mehr in die nächste Krise zögen. Sie könnten den Schock problemlos überstehen.

Doch die Realität sieht erschreckend aus. Sie ist das Resultat des Einbruchs der Finanzindustrie in den Schweizer Pensionskassenmarkt. Das Konstrukt, das der Baulöwe Alfred Heer in den achtziger Jahren um die Sammelstiftungen Vera und Pevos errichtete, war damals eine Ausnahme. Es brach in der Immobilienkrise Anfang der neunziger Jahre zusammen. Heute ist diese Verknüpfung von Sammelstiftungen, Holding-Konstrukten und dem Immobilienmarkt der Normalfall. Alle machen mit, Versicherungen, Großbanken, Kantonalbanken, Vermögensverwalter, Treuhänder, Broker, Revisoren. Und wenn das System kollabiert und Pensionskassen zusammenbrechen, ziehen sie weiter und verdienen woanders ihr Geld.

Die Schweizer Wirtschaft aber wird massiv unter einem solchen Crash zu leiden haben. Denn die Pensionskassen sind ihr Herz.

Schmetterling: **Was wir wirklich ändern müssen**

Die nächste Krise kommt bestimmt. Und es ist ein Unterschied, ob die Pensionskassen mit 1200 Milliarden Franken in einen Sturm geraten oder mit 1400 Milliarden. Der Anlagemarkt hätte die fehlenden 200 Milliarden Franken den Versicherten einfach beschert. Dann aber hätte die Finanzindustrie auf einige Dutzend Milliarden Franken verzichten müssen, die sie sich aus dem Sozialwerk holte.

Nun könnte man vielleicht sagen, die Finanzindustrie habe es nicht besser gewusst. Sie sei vom aktiven Anlegen überzeugt gewesen, es sei ihr nicht um höhere Gebühren und größere Gewinne gegangen. Sollte das der Fall sein, muss sie sofort ihren Kurs ändern und mit voller Kraft das Ruder herumreißen. Sie wird 2023 das aktive Management aufgeben und den Vorsorgedampfer energisch in ein neues Zeitalter des passiven Anlegens steuern.

Das entspricht auch dem Willen des Bundesrats. Er schreibt 1975 in seiner Botschaft zum Bundesgesetz über die berufliche Alters-, Hinterlassenen- und Invalidenvorsorge (BVG), die den Anstoß zum BVG-Obligatorium von 1985 gibt: »Ebenso wichtig wie die Sicherheit ist auch der

Ertrag der Anlagen. Innerhalb der zulässigen Anlagekategorien müssen die verantwortlichen Organe der Vorsorgeeinrichtungen eine angemessene Rendite erzielen.«

Die verantwortlichen Organe sind die Stiftungsräte. Viele von ihnen sind längst überfordert angesichts der Komplexität der Materie. Sie müssen sich auf die Finanzexperten verlassen, die ihnen die Vorteile des aktiven Anlegens schmackhaft machen. Natürlich gibt es auch für Pensionskassen Angebote im Bereich des passiven Anlegens. Doch werden die Angebote für passives Anlegen von den Vermögensverwaltern auch aktiv genug angeboten? Es ist nicht zu erklären, warum nicht sämtliche Pensionskassen, die ihr Geld von der UBS verwalten lassen, deren passives Index-Vehikel nutzen, das im Zehn-Jahres-Schnitt eine Traumrendite von rund 11 Prozent erzielt. Dasselbe bei der Credit Suisse, deren passives Index-Vehikel fast 10 Prozent abwirft.

Doch die Pensionskassen nutzen solche Anlagemöglichkeiten bis heute nur bedingt. Hätten die Schweizer Asset-Manager das passive Anlegen in den letzten Jahren substanziell forciert, müsste das in der Abbildung zu sehen sein, die die tatsächlich erzielte Rendite der Pensionskassen mit der errechneten Rendite einer passiven Strategie vergleicht. Die Kurve der tatsächlichen Rendite müsste sich der Renditekurve der passiven Strategie annähern. Das tut sie aber nicht, vielmehr verlaufen die beiden Kurven in den letzten Jahren parallel.

Verwunderlich ist das nicht. Zwischen 1998 und 2004 überließen die Vorsorgeversicherten der Finanzindustrie jährlich zwei Milliarden Franken für das aktive Anlegen ihres Vermögens. 2006 überschritten die Vermögensverwaltungskosten erstmals die Drei-Milliarden-Grenze. Zehn Jahre später waren es vier Milliarden, heute sind es fünf Milliarden Franken pro Jahr. Und das sind wiederum nur die offengelegten Kosten.

Wenn die Vorteile des passiven Anlegens aus Versichertensicht so eindeutig überwiegen, warum folgt die Finanzindustrie dann nicht dieser Strategie? Sie tut es nicht, weil sie nicht muss. Damit sind wir wieder beim grundlegenden Problem, das die gesamte zweite Säule betrifft: Der Staat zwingt die Erwerbstätigen in ein Sozialwerk und überlässt sie marktwirtschaftlich funktionierenden Unternehmen, ohne sie zu schützen. Das ist nicht zum Vorteil der Versicherten. Kann man das den Unternehmen zum Vorwurf machen? Sie sind weder staatliche Einrichtungen noch karitative Organisationen, sondern kapitalistische Akteure, deren Aufgabe es ist, Profit zu machen. Sie tun das, bis sie an die Grenzen stoßen, die ihnen von außen gesetzt werden.

Im Vorsorgebereich sind die Regulierungen viel zu schwach, weil die zweite Säule eben kein freier Markt ist. Sie müssen neu aufgestellt werden, um der Finanzindustrie Grenzen zu setzen. Die zweite Säule ließe sich mit ein paar klaren Strichen korrigieren. Dann entspräche sie dem Auftrag des Bundesrats, der das BVG-Obligatorium unter der Federführung von Hans-Peter Tschudis Nachfolger Hans Hürlimann vorbereitet hat. In der Botschaft von 1975 schreibt er: »Unsere Darlegungen mögen zeigen, dass die vorgeschlagene obligatorische Vorsorge schliesslich zur Harmonisierung im wirtschaftlichen und sozialen Bereich der Gesellschaft beitragen soll. Das auf internationaler Ebene akzeptierte Prinzip ›Die Volkswirtschaft darf nicht antisozial, die soziale Sicherheit aber auch nicht antiökonomisch sein‹ soll auch für unsere Zielsetzung gelten.«

Doch die zweite Säule ist »antisozial«, weil sie die Versicherten nicht schützt. Sie ist aber auch »antiökonomisch«, weil ihre Rendite weder gut noch optimal ist. Diese strukturellen Missstände lassen sich nicht beheben, indem am Verputz der zweiten Säule Korrekturen angebracht werden. Die Säule muss neu aufgestellt werden. Dazu muss das Ungleichgewicht zwischen Anbietern und Versicherten aus der Welt geschafft werden.

Der entscheidende Schritt in diese Richtung ist eine neue Bestimmung: Das obligatorische Vorsorgevermögen in der Schweiz muss passiv angelegt werden. Dieser Teil der Altersguthaben resultiert aus dem Versicherungszwang in der zweiten Säule. Das sind zwei Drittel des gesamten Topfs, aktuell also rund 800 Milliarden Franken. Dieses Geld muss so angelegt werden, dass es für die Versicherten die bestmögliche Rendite zu den tiefstmöglichen Kosten abwirft. Wie gezeigt, ist das passive Anlegen dem aktiven Management überlegen. Die Differenz für die Versicherten beträgt nicht ein paar Millionen, sondern Milliarden von Franken.

Wenn dieser Schritt getan ist, wäre als Nächstes zu entscheiden, ob der obligatorische Teil der beruflichen Vorsorge nicht wie die Suva in staatliche Obhut gehört. Eine paritätisch von Arbeitgebern und Arbeitnehmern geführte Stiftung unter staatlicher Kontrolle würde das passive

Anlegen des Versichertengeldes übernehmen. So funktionieren heute bereits der Sicherheitsfonds BVG oder die Auffangeinrichtung BVG. Der Stiftungsrat würde aus Anlagesachverständigen bestehen, die ohne Interessenkonflikt agieren könnten. Die Transparenz ihrer Arbeit wäre gewährleistet. Dadurch würde den Holding-Konstrukten, die sich im Markt etabliert haben, die Kontrolle der Pensionskassen aus der Hand genommen.

Ein solcher vom Bund überwachter Fonds hätte eine sehr belastbare Risikofähigkeit. Das zeigt das Beispiel des norwegischen Staatsfonds, des größten staatlichen Vorsorgefonds der Welt. Er legt das Geld aus den Rohstoffeinnahmen des Landes für künftige Generationen an. Der Staatsfonds ist umgerechnet 1000 Milliarden Franken schwer. In den letzten zehn Jahren erzielte er eine durchschnittliche Rendite von 6,2 Prozent. Er investiert komplett passiv. Der Aktienanteil liegt bei über 70 Prozent.

Publica, die Pensionskasse des Bundes, zählt 66 000 Versicherte und 42 000 Rentnerinnen und Rentner. Die Kasse betreut 42 Milliarden Franken. Sie gehört also zu den Großen. Publica hat bereits vieles unternommen, was die anderen Vorsorgewerke nun dringend tun sollten: Sie hat auf indexiertes Anlegen umgeschwenkt. 70 Prozent der Vorsorgegelder der Bundesangestellten werden passiv angelegt. Dem entsprechend liegen die Vermögensverwaltungskosten bei der Publica weit unter dem Durchschnitt.

Es ist keine Frage, dass diese Verbesserungen für die Versicherten für die Finanzindustrie Einbußen bedeuten. FDP-Nationalrat Paul Bürgi hat vor 50 Jahren die Versicherungen und Banken gegen den Vorwurf der Abzockerei mit dem Argument verteidigt: »Die Wirtschaft braucht doch dieses Geld!« Aber das Argument zählt nicht. Es ist nicht Aufgabe der Vorsorgeversicherten, eine ganze Industrie zu füttern.

Müssen die Finanzunternehmen Vorsorgegelder passiv anlegen, wird ihr Interesse am Pensionskassenmarkt schwinden. Einige werden es vielleicht sogar ablehnen, das obligatorische Versichertenvermögen weiter zu verwalten. Der Bund kann sie dazu zwingen. Er muss Vorschriften erlassen, die Versicherungen und Banken ab einer bestimmten Größe dazu verpflichten, einen bestimmten Anteil der Aufgabe zu übernehmen. Sie machen damit keinen Verlust, sondern lediglich weniger Gewinn als mit aktivem Management.

Damit werden auch die Stiftungsräte in einem entscheidenden Bereich aus dem Spiel genommen. Die nebenamtlichen Stiftungsräte sind in der Regel außerstande, im heutigen Marktumfeld sichere Anlageentscheidungen zu fällen. Trotzdem tragen sie immer noch die Verantwortung. In ihren Händen liegt die Gesamtleitung einer Pensionskasse, und sie definieren die strategischen Ziele. Sie bestimmen auch die Grundsätze und Ziele der Vermögensverwaltung sowie der Durchführung und Überwachung der Anlageprozesse. So will es das BVG. Doch das ist zu viel, zu komplex und zu anspruchsvoll, vor allem, wenn es sich auch noch um Sammelstiftungen mit Dutzenden von Anschlüssen handelt.

Sind diese Sammelstiftungen unter dem Dach einer Versicherung, einer Bank oder eines anderen Finanzdienstleisters, haben Stiftungsräte überhaupt keinen Einfluss mehr. Nichts demonstriert das besser als die Übernahme des Rentnerwerks Profaro durch die PK Pro unter dem Dach der Tellco, an deren Sitzung kein einziger Stiftungsrat anwesend war. Holding-Besitzer Hans Düring bestimmte gemäß dem vorliegenden Protokoll den Sitzungsverlauf.

Die Versicherten haben keine Möglichkeit, gegen solche Holding-Konstrukte vorzugehen. Urs Eicher, Präsident von PK Netz, sagt dazu: »Es ist heute nicht einmal klar, was diese Zwitter-Konstrukte genau sind: Stiftungen oder Aktiengesellschaften? Unterstehen sie dem BVG oder dem Obligationenrecht? Und welche Aufsicht ist zuständig? Die Oberaufsichtskommission BVG oder die Finanzmarktaufsicht Finma? Und wer ist letztverantwortlich für ein solches Konstrukt? Der Stiftungsrat der Sammelstiftung, der per Gesetz als oberstes Organ festgeschrieben ist, oder nicht vielmehr der Verwaltungsrat der Holding?« All diese Fragen seien bis heute nicht geklärt. »Und darum ist aus Sicht der Versicherten in der zweiten Säule klar, dass der Gesetzgeber endlich Klarheit schaffen muss.«

Marco Bagutti, Anlagechef der paritätisch geführten Auffangeinrichtung BVG, die im Auftrag des Bundes als Auffangbecken und Sicherheitsnetz der zweiten Säule dient, setzt sich seit Jahren für Governance-Regeln im Vorsorge- und Finanzmarkt ein. Solche Umstände für Stiftungsräte seien äußerst bedenklich, auch weil das BVG eigentlich keinen Spielraum zulasse: »Bei uns in der Auffangeinrichtung, aber auch bei allen mir bekannten öffentlichkeitsnahen Vorsorgeeinrichtungen, ist der Status des Stiftungsrates als oberstes Organ uneingeschränkt anerkannt.«

Passives Anlegen entlastet die Stiftungsräte. Die Anforderungen an ihre Kompetenzen sinken massiv, und sie können nicht mehr zu Anlageentscheiden gedrängt werden, die zum Nachteil der Versicherten sind. Heute verschwindet das in ihre Obhut gelegte Geld in den Röhren der Finanzindustrie, und sie wissen nicht, was damit geschieht. Der Bundesrat schreibt in der Botschaft von 1975: »Es stellt sich die Frage, wie der Einfluss der Arbeitgeber und der Versicherten auf die Vermögensverwaltung gewährleistet werden kann, wenn das Vermögen nicht bei der Vorsorgeeinrichtung selbst, sondern bei einer ›Versicherungsgesellschaft‹ geäufnet wird.« Die Antwort, die der Bundesrat im Anschluss auf diese Frage gibt, kommt einer Bankrotterklärung gleich: »Dies ist nicht durch eine Bestimmung möglich.«

Selbstverständlich ist das durch eine Bestimmung möglich: Passives Anlegen des obligatorischen Vorsorgeteils löst auch dieses Problem. Denn so wird die Entscheidung über die Anlagestrategien nicht nur den überforderten Stiftungsräten entzogen, sondern auch dem riesigen Gebührenapparat, den die Finanzunternehmen seit 1985 um die Pensionskassen herum errichtet haben. Dieser Apparat schafft sich anschließend schrittweise selbst ab, weil sich diese Konstrukte nicht mehr lohnen. Sie basieren vor allem in der Vermögensverwaltung auf Intransparenz und Informationsasymmetrie.

Passives Anlegen ist transparent. Die undurchsichtigen verzweigten Röhren verschwinden. Die Finanzindustrie hat viel Erfahrung im Bauen solch intransparenter Systeme. Die große Finanzkrise von 2008, die die gesamte Weltwirtschaft erschütterte, ist das Resultat gecrashter Derivate, komplexer spekulativer Finanzprodukte zur Absicherung von Hypothekarkrediten, die auf unhaltbaren mathematischen Modellen beruhten. Doch die hochkomplexen Modelle erzeugten den Eindruck von Seriosität. Nur Eingeweihte wussten, dass das Gegenteil der Fall war: Die Finanzprodukte waren unbrauchbar.

Für die Geldhäuser spielte das keine Rolle, denn sie machten damit Milliarden. Alle mischten mit, auch die Schweizer Banken. Die Finanzinstitute profitierten von der Intransparenz dieser Produkte. Kritiker wurden mundtot gemacht, bis das betrügerische System kollabierte. Millionen von Menschen rund um den Globus bezahlten schließlich den Preis – nicht aber die Finanzunternehmen. Sie ließen sich von den Steuerzahlerinnen und Steuerzahlern retten und suchten sich neue Tätigkeitsfelder. Da kam der Pensionskassenmarkt ins Spiel. Auch dort haben sie ein System der Intransparenz geschaffen, das in erster Linie ihnen selbst nützt.

Warum muss das passive Anlegen gesetzlich vorgeschrieben werden? Können Versicherte, die ihr Geld passiv angelegt haben wollen, das nicht einfach von ihrer Vorsorgeeinrichtung verlangen und notfalls klagen, wenn das nicht geschieht? Das können sie nicht, weil das die Politik ihnen nicht zugesteht. Die Begründung liefert auch in diesem Fall die Botschaft des Bundesrates von 1975: »Während es sich bei den Vorsorgeeinrichtungen selbst immer um einen unmittelbaren Schaden handeln wird, können die Gläubiger und Versicherten auch mittelbar geschädigt sein, so z. B. durch eine schlechte Anlage der Vorsorgeeinrichtung. Von der Praxis her besteht aber keine Notwendigkeit, den Versicherten das Recht einzuräumen, bei mittelbaren Schäden eine Verantwortlichkeitsklage zu erheben. Ein Klagerecht im Falle eines mittelbaren Schadens wird somit ausgeschlossen.«

Die Versicherten können lediglich die Aufsicht darüber informieren – was diese dann daraus macht, ist deren Sache. Führt man sich die Untätigkeit der Aufsicht in Fällen wie der Tellco oder ihre mutmaßliche Parteinahme wie im Phoenix-Skandal vor Augen, ist klar, warum Versicherte sich praktisch nicht an die Aufsicht wenden. Doch die Politik will nicht, dass die Versicherten selbst klagen können. »Würde man bei mittelbaren Schäden ein gerichtliches Vorgehen der Versicherten zulassen, so wären die Verwaltungen der Vorsorgeeinrichtungen ständig Klagen von Nörglern und Unzufriedenen ausgesetzt«, so die erfrischend ehrliche Begründung der Landesregierung 1975. Der Auftrag der Politik ist diesem Selbstverständnis nach also der Schutz der Finanzindustrie vor den Versicherten.

An dieser Haltung hat sich bis heute nichts geändert. Die Versicherten sollen zahlen. Im Übrigen haben sie sich still zu verhalten und die Finanzunternehmen nicht zu behelligen. Auch aus diesem Grund ist passives Anlegen die einzig richtige Lösung. Die Versicherten haben dann immerhin die Gewissheit, dass zumindest der obligatorische Teil ihres Vorsorgevermögens so gewinnbringend und gebührensparend wie möglich verwaltet wird. Und es muss sie bedeutend weniger kümmern, dass das Aufsichtssystem über das Schweizer Pensionskassenwesen untätig bis handlungsunfähig ist. In dem transparenten System gibt es nämlich viel weniger zu beaufsichtigen.

Der Verband Asset Management Association Switzerland (AMAS) hat recht, wenn er auf seiner Website zur laufenden Rentendebatte schreibt: »Mit jedem durch Asset-Management-Dienstleistungen erwirtschafteten Franken muss die Schweizer Bevölkerung weniger Leistungskürzungen in Kauf nehmen.« Wir sollten die Vermögensverwalter beim Wort nehmen und sie dazu verpflichten, unser Geld passiv anzulegen. Die Auswirkungen dieser Maßnahme sind weitreichend – wie der berühmte Flügelschlag des Schmetterlings. Sie treffen den gesamten Pensionskassenmarkt und machen einen riesigen Gebührenapparat überflüssig, der seit 1985 zum Wohle der Finanzindustrie und zum Schaden der Versicherten arbeitet.

Es liegt an uns. Zuerst müssen wir den Anlageschalter kippen – ein Flügelschlag des Schmetterlings. Der Rest erledigt sich dann fast von selbst.

Schlusswort

Vom Kapitalismus mag man halten, was man will. Uns ist kein System bekannt, das besser funktioniert – wenn der Kapitalismus demokratisch und sozial eingebettet wird. Die soziale Marktwirtschaft, die sich in den westeuropäischen Rechtsstaaten der Nachkriegszeit durchgesetzt hat, ist eine historische Errungenschaft. Die Sozialwerke sind die Stützen unserer Gesellschaft. Kapitalistische Systeme, die sie schwächen oder ganz auf sie verzichten, machen ein paar Reiche reicher und viele Menschen arm.

Die fruchtbare Kombination von Marktwirtschaft und Sozialwerken ist aber nicht zu verwechseln mit ihrer destruktiven Vermischung. Die Sozialwerke können die unerwünschten Folgen des kapitalistischen Wirtschaftens nur auffangen, wenn der Gesetzgeber sie mit der nötigen Schlagkraft versieht. Ein unkontrolliertes Ineinanderfließen der beiden Größen fällt immer zulasten des sozialen Gedankens aus, denn der Markt ist profitorientiert. Es geht um Wachstum und Gewinne, nicht um sozialen Frieden und Solidarität. Der Stärkere gewinnt. Wenn diese Philosophie unkontrolliert auf den sozialen Gedanken prallt, löscht sie ihn aus. Egoismus ist dominanter als Nächstenliebe, Profit schlägt Solidarität.

Eine solch ungeregelte Vermischung hat die Schweiz 1985 geschaffen, als sie das BVG-Obligatorium einführte. Nicht, dass sich der Kapitalismus in das Sozialwerk der beruflichen Vorsorge eingeschlichen hätte. Das Volk hatte sich 1972 auf Anraten von Bundesrat und Parlament gegen eine Volkspension und für das Drei-Säulen-Modell entschieden. Damals wurde ihm versprochen, dass die Politik für die nötigen Rahmenbedingungen sorgen werde, um die Interessen der Versicherten zu schützen. Sogar die Gewerkschaften stimmten in diesen Chor ein. Doch 1985 waren diese Versprechen vergessen. Der Staat öffnete dem Kapitalismus das Tor zu einem zentralen Sozialwerk der Schweiz und gewährte den Finanzdienstleistern fast schrankenlosen Zugang zum Altersguthaben von Millionen Zwangsversicherten.

Dass sich die Finanzindustrie in den folgenden Jahrzehnten der zweiten Säule bemächtigte und so viel wie möglich für sich aus ihr herausholte, kann ihr im Grunde niemand vorwerfen. So funktioniert Kapitalismus; das ist bekannt. Es gibt keinen Grund, warum sich seine Gesetzmäßigkeiten ändern sollten oder gezähmt wären, wenn er auf ein Sozialwerk trifft. Dass die Konsumenten zur Einzahlung in die zweite Säule gezwungen sind und keinen Einfluss darauf haben, wer ihr Geld auf welche Weise verwaltet, stört die Finanzunternehmen nicht. Im Gegenteil, dieser Umstand spielt ihnen in die Hände. Genauso wie die Tatsache, dass ihnen bei ihrer Tätigkeit im Pensionskassenmarkt nicht auf die Finger gesehen wird, sie vollkommen ungenügend kontrolliert werden. In vielen Bereichen sind die staatlichen Vorgaben schwach, in einigen gibt es überhaupt keine.

Seit ein paar Jahren ist Transparenz in diesem Markt zwar als Anspruch in aller Munde. Doch das ist ein Vorwand. Es gibt sie nicht. Dieser Markt ist nicht transparent. Die zweite Säule ist ein abgeschottetes System, das sich selbst vor den Versicherten schützt, die es mit ihren Lohnbeiträgen füttern müssen. Alles dreht sich um ihr Geld, aber sie liefern es nur ab. *WOZ Die Wochenzeitung* hatte recht, als sie 1984 warnte: »Die Mitglieder der Pensionskassen zahlen, und für einmal hat nichts zu befehlen, wer zahlt.«

Davon profitieren Versicherungen, Banken und andere Finanzdienstleister seit 37 Jahren. Sie wachsen mit dem Vorsorgevermögen mit. Auch das war absehbar. »Es wird in der 2. Säule ein gigantischer bürokratischer Stab von Beratern, Vermittlern, Börsenjongleuren, Treuhändern, Immobilienverwaltern und Werbeleuten aufgebaut.« Das schrieb die *National-Zeitung* schon 1972. Dazu brauchte sie keine Kristallkugel. Sie beschrieb lediglich die Logik des Kapitalismus: Er folgt dem Profit. Und das tut er mit Findigkeit und Ausdauer, bis er an staatliche Schranken stößt. Dass diese in der beruflichen Vorsorge schwach sind oder fehlen, ist nicht den Finanzunternehmen anzulasten. Sie beeinflussen politische Entscheidungen zwar mit viel Geld und massivem Lobbying, aber sie machen nicht die Regeln.

Das ist die Aufgabe des Staates. Doch der hat es bis heute nicht geschafft, die Vermischung von Kapitalismus und Sozialwerk in der zweiten Säule so zu kanalisieren, dass sie ihre destruktive Kraft verliert. Stattdessen zwingt er die Vorsorgeversicherten, eine ganze Industrie zu finanzieren. Dass diese Industrie nicht im Sinne der Versicherten wirtschaftet, zeigen die immer weiter steigenden Gebühren, die sich auf mittlerweile 20 Milliarden Franken pro Jahr belaufen. Das ist eine enorme Summe. Sie ist aber noch bescheiden im Vergleich zu den 200 Milliarden Franken, welche die Finanzunternehmen den Versicherten seit 1985 vorenthalten haben, weil sie deren Geld nicht passiv anlegen. Die beiden Zahlen haben einen Zusammenhang: Die Milliarden zugunsten der Versicherten fehlen wegen der Milliarden zugunsten der Finanzunternehmen, die nicht fehlen würden, wenn das Vorsorgevermögen konsequent passiv angelegt wäre.

Das ist umso schlimmer, weil es niemals schlechter um unsere Renten stand als heute. Und die Zukunft sieht wegen der Babyboomer düster aus. Das Ungleichgewicht zwischen Erwerbstätigen und Pensionierten wächst, die Lebenserwartung steigt. Mit ein paar Minireformen ist diese Herausforderung nicht zu bewältigen. Es geht darum, die Perspektive zu wechseln – von den Alten zu den Jungen. Das muss bei der AHV genauso geschehen wie bei der beruflichen Vorsorge. In der zweiten Säule aber ist noch ein weiterer Perspektivenwechsel zwingend. Dort dominieren die Ansprüche der Finanzindustrie, die der Staat bis heute gegen die Interessen der Versicherten verteidigt. Diese bizarre Parteilichkeit muss er ablegen.

Das Parlament muss die Oberaufsicht des Bundes stärken und ihr griffige Kompetenzen verleihen, gerade gegenüber den kantonalen Aufsichten. Diese können schalten und walten, wie es ihnen passt. Die Regierung des Kantons Aargau hat sich dementsprechend im Phoenix-Skandal geweigert, den Geschäftsleiter der Aargauer Pensionskassenaufsicht in den Ausstand zu befördern. Sie schreibt dazu:

»Im Übrigen ist auch Art. 61 Abs. 3 des Bundesgesetzes über die berufliche Alters-, Hinterlassenen- und Invalidenvorsorge zu beachten: Er besagt, dass die BVSA in ihrer Tätigkeit keinen Weisungen unterliegt.« Mit anderen Worten, die kantonalen Aufsichten sind ihre eigenen Herren. Der Phoenix-Skandal dokumentiert, welche Folgen das haben kann. Solche Fälle dürfen sich nicht wiederholen.

Das Phoenix-Debakel offenbart exemplarisch die Macht der Finanzindustrie und die Ohnmacht der Stiftungsräte in diesem Markt. Dass das System solche Skandale zulässt, ist alarmierend. Überraschen kann es nicht, weil der Apparat so funktioniert. Das Parlament muss die Gemeinschafts- und Sammelstiftungen umfassend regulieren.

Die Verwaltung der Vorsorgegelder arbeitet intransparent und versteckt gegenüber den Versicherten Kosten in Milliardenhöhe. Damit bricht sie nicht einmal ein Gesetz. Denn es gibt keines, das sie zur Offenlegung der tatsächlichen Gesamtkosten verpflichten würde. Genau das aber wäre im Sinn der Stiftungsräte und der Versicherten, weil es Vergleichbarkeit herstellen und die Finanzunternehmen kritisierbar machen würde. Das Parlament muss sie dazu zwingen.

Transparenz, Governance und Aufsicht im Pensionskassenmarkt sind die drei Bereiche, die der Bundesrat nun evaluieren lässt. Auslöser ist eine Motion der GLP-Nationalrätin Melanie Mettler. Das Ergebnis wird eine Auslegeordnung sein, die – so ist zu hoffen – zumindest Handlungsbedarf signalisiert. Getan ist damit aber noch nichts.

Die Finanzindustrie kann auch weiterhin mit aktiven Anlagestrategien und hyperkomplexen Anlagegefäßen das

Vorsorgegeld verwalten und damit riesige Summen verdienen, obwohl für die Versicherten auf diese Weise Hunderte von Milliarden flöten gehen. Denn es gibt kein Gesetz, das die Vermögensverwalter zum passiven Anlegen der Vorsorgegelder verpflichtet. Genau das aber wäre im Sinn der Versicherten. Darum muss der obligatorische Teil der beruflichen Vorsorge passiv angelegt werden. Das sind rund zwei Drittel des gesamten Vorsorgetopfs.

Der Schritt von der aktiven zur passiven Anlage des obligatorischen Teils des Vorsorgevermögens ist der entscheidende. Wenn er gelingt, verlieren die Folgen des Politikversagens in diversen Bereichen auf einen Schlag einen Großteil ihrer zerstörerischen Wirkung – von der katastrophalen Aufsichtsstruktur über die Intransparenz bis zur Ohnmacht der Versicherten. Denn der gesamte Apparat, den die Finanzindustrie mit freundlicher Unterstützung des Parlaments um die Schweizer Pensionskassen herum errichtet hat, fußt auf der intransparenten Vermögensverwaltung.

Gegen solche Forderungen wird sich die Finanzindustrie mit Händen und Füßen wehren, denn es geht um Milliarden. Das System schützt sich selbst mit aller Macht. Das haben die Verantwortlichen der PK Phoenix zu spüren bekommen. Ihr Entschluss, sich von der Nova-Holding zu trennen, hat zu einer massiven Gegenreaktion auf diversen Ebenen geführt. Stiftungsräte, die zugunsten der Versicherten gegen Finanzunternehmen opponieren, stellen das ganze System infrage. Und das akzeptieren seine Vertreter nicht. Dass die Verantwortlichen der PK Phoenix dem enormen Druck, der auf sie ausgeübt wurde, nicht erlagen, ist beachtenswert und zweifellos die Ausnahme; in aller Regel gewinnt das System.

Die Finanzunternehmen tun alles dafür, dass ihre Konstrukte genau so weiterlaufen wie bisher. Das tun sie immer. Auch in den Nullerjahren haben sie es mit fatalen spekulativen Finanzprodukten getan. Die Politik schützte sie und sorgte für die Abwesenheit jeglicher Kontrolle. Niemand griff ein – bis es crashte. Die Finanzindustrie wird auch die Gewinne, die sie mit der Verwaltung des riesigen Vorsorgevermögens in der Schweiz macht, nicht freiwillig fahren lassen. Und ihre Interessenvertreter haben viel Geld und Macht. Ihre Aussichten sind gut, denn sie hat eine starke Lobby im Bundeshaus. Hinzu kommt, dass diverse bürgerliche Politiker selbst Teil dieses Systems sind und kräftig mitverdienen.

Anfang 2022 sind wir in die Wandelhalle des Parlaments gegangen und haben mit diversen Politikern aller Parteien gesprochen. Linke Abgeordnete haben von der massiven Finanzlobby in Bern berichtet, die eine Verbesserung der Pensionskassenaufsicht erfolgreich verhindere. Bürgerliche Politiker haben gesagt, es brauche nicht mehr, sondern weniger Aufsicht. Aber was ist mit Fällen wie dem Phoenix-Skandal, dem Gebührenmodell à la Tellco, den steigenden Vermögensverwaltungskosten? Solche Fragen sind bei den bürgerlichen Parlamentariern unbeliebt. Niemand arbeite gratis, erklärte uns einer von ihnen. Und zu den steigenden Kosten könne er nichts sagen, schließlich wisse man ja nicht so genau, wie es in den einzelnen Unternehmen aussehe. Womit er immerhin bestätigte, dass in diesem Markt keine Transparenz herrscht. Ein anderer meinte, die Schwyzer Kantonalbank habe doch gar nichts falsch gemacht. Das war seine Überzeugung, wir haben ihm das abgenommen – und dabei gespürt, wie stark der Einfluss der Finanzindustrie in Bern ist. Ihre Perspektive, ihre Erzählungen, ihre Versionen dominieren.

Solange sich daran nichts ändert, ist im Parlament an einen konsequenten Umbau der zweiten Säule zugunsten der Versicherten nicht zu denken. Das unfaire System der beruflichen Vorsorge in der Schweiz ist unauflöslich mit dem System unserer Demokratie verknüpft. Aber in Demokratien gibt es Wahlen, Parlamente verändern sich. Und in der Schweiz gibt es zusätzlich die Möglichkeit des Referendums und der Volksinitiative. Das heißt aber auch: Am Ende liegt es nicht bei der Finanzindustrie, ob in der zweiten Säule alles beim Alten bleibt. Auch nicht beim Bundesrat. Und nicht einmal beim Parlament. Wenn es hart auf hart kommt, liegt es an uns allen.

Umso wichtiger, dass wir damit anfangen, uns mit der zweiten Säule zu beschäftigen. Dass wir Informationen einfordern, uns nicht abwimmeln lassen und Druck ausüben. Denn das Schweizer Pensionskassenwesen ist kein Ponyhof. Es ist ein knallharter Kampf um Milliarden.

Wenn Sie als Leserin, als Leser mittlerweile ein ungutes Gefühl verspüren beim Gedanken an Ihr Alterskapital, ist das ein Anfang. Nehmen Sie das Heft in die Hand. Lernen Sie ein paar Vokabeln aus dem Wörterbuch der Finanzpriester. Und dann stellen Sie kritische Fragen – an Ihre Pensionskasse, an Banken und Versicherungen, an Parlamentarier und Bundesräte.

Fragen Sie Ihre Pensionskasse, wie hoch der Aktienanteil in ihrem Portfolio ist und wie hoch der Immobilienanteil, in was für Häusern das Geld steckt und was Ihre Kasse zu tun gedenkt, wenn die Immobilienpreise sinken. Denn es ist Ihr Geld, das in diesen Häusern steckt.

Fragen Sie auch nach den Verwaltungskosten. Lassen Sie sich einmal ausrechnen, wie viel Sie persönlich pro Jahr für Gebühren aller Art bezahlen. Und bestehen sie darauf, dass in diese Rechnung wirklich alle Gebühren einbezogen werden, auch diejenigen, die nicht explizit offengelegt werden müssen.

Fragen Sie, wie es um die Rendite im Jahr 2022 steht und warum sie – sehr wahrscheinlich – massiv im Minus liegt. Und wenn die Rendite irgendwann wieder steigen sollte und bei 5 oder 8 Prozent liegt, fragen Sie, warum Sie nur 1 Prozent Zins auf Ihr Alterskapital bekommen. Wo ist der Rest, wofür wird er eingesetzt, und ist das wirklich sinnvoll?

Fragen Sie Ihre Abgeordneten im Parlament, warum sie nichts gegen die steigenden Gebühren unternehmen, gegen die schwache Aufsicht und gegen die Tatsache, dass Ihr Geld zu horrenden Kosten mehrheitlich aktiv angelegt wird. Fragen Sie die Politiker, was genau daran im Sinne der Versicherten sein soll.

Und wenn Sie merken, dass sich an den Eiertänzen im Parlament nichts ändert, bleibt Ihnen immer noch die Volksinitiative – unser wunderbares Instrument der Partizipation.